suhrkamp taschenbuch
wissenschaft 310

Die in diesem Band abgedruckten Beiträge wollen aus verschiedenen theoretischen Perspektiven und am Beispiel verschiedener Probleme dem Zusammenhang von Verhaltens-, Handlungs- und Systemtheorie nachgehen. Sie sind Diskussionsbemerkungen zu der Frage, ob insbesondere Handlungs- und Systemtheorie miteinander vereinbar sind, und wenn, in welchem Fundierungsverhältnis sie zueinander stehen. Dafür orientieren sie sich an Talcott Parsons' Theorie der Handlungssysteme, an einer Theorie, die zu den bedeutendsten sozialwissenschaftlichen Entwürfen des 20. Jahrhunderts gehört. Die Beiträge sind für ein wissenschaftliches Kolloquium geschrieben worden, das zu Ehren von Talcott Parsons vom 2. bis 4. Mai 1979 in Heidelberg abgehalten wurde. Anlaß war seine Promotion an der Universität Heidelberg vor 50 Jahren. Talcott Parsons ist wenige Tage nach dem Kolloquium, am 8. Mai, in München gestorben. So dokumentiert dieser Band zugleich das letzte große wissenschaftliche Gespräch mit ihm.

# Verhalten,
# Handeln und System

*Talcott Parsons' Beitrag zur
Entwicklung der Sozialwissenschaften*

Herausgegeben von
Wolfgang Schluchter

Suhrkamp

Bibliografische Information der Deutschen Nationalbibliothek
Die Deutsche Nationalbibliothek verzeichnet diese Publikation
in der Deutschen Nationalbibliografie;
detaillierte bibliografische Daten sind im Internet über
http://dnb.d-nb.de abrufbar.

2. Auflage 2017

Erste Auflage 1980
suhrkamp taschenbuch wissenschaft 310
© Suhrkamp Verlag Frankfurt am Main 1979
Suhrkamp Taschenbuch Verlag
Alle Rechte vorbehalten, insbesondere das der Übersetzung,
des öffentlichen Vortrags sowie der Übertragung
durch Rundfunk und Fernsehen, auch einzelner Teile.
Kein Teil des Werkes darf in irgendeiner Form
(durch Fotografie, Mikrofilm oder andere Verfahren)
ohne schriftliche Genehmigung des Verlages reproduziert
oder unter Verwendung elektronischer Systeme
verarbeitet, vervielfältigt oder verbreitet werden.
Printed in Germany
Umschlag nach Entwürfen von
Willy Fleckhaus und Rolf Staudt
ISBN 978-3-518-27910-6

## Inhalt

Vorwort 7

Wolfgang Schluchter
Statt einer Einleitung – Ansprache zur Eröffnung des wissenschaftlichen Kolloquiums zu Ehren von Talcott Parsons 9

Carl F. Graumann
Verhalten und Handeln – Probleme einer Unterscheidung 16

Niklas Luhmann
Temporalstrukturen des Handlungssystems – Zum Zusammenhang von Handlungs- und Systemtheorie 32

Jürgen Habermas
Handlung und System – Bemerkungen zu Parsons' Medientheorie 68

Wolfgang Schluchter
Gesellschaft und Kultur – Überlegungen zu einer Theorie institutioneller Differenzierung 106

Talcott Parsons
On the Relation of the Theory of Action to Max Weber's ›Verstehende Soziologie‹ 150

Anhang

Text der erneuerten Doktorurkunde für Talcott Parsons 166

Rede von Wolfgang Schluchter während der Trauerfeier für Talcott Parsons 167

Rede von M. Rainer Lepsius nach der Trauerfeier für Talcott Parsons 170

# Vorwort

Das Werk von Talcott Parsons ist das Ergebnis einer der gewaltigsten theoretischen Anstrengungen, die in diesem Jahrhundert auf dem Gebiet der Sozialwissenschaften unternommen wurden. Es erstrebt eine Theorie der Systeme, aber auch ein System der Theorie. Damit versucht Talcott Parsons für den Bereich der Sozialwissenschaften, was die großen philosophischen Denker an der Wende vom 18. zum 19. Jahrhundert für den Bereich der Wissenschaften insgesamt versuchten. Und wie in bezug auf diese Denker so herrscht auch in bezug auf Talcott Parsons die Meinung vor, daß dieser Versuch gescheitert sei.

Diese Meinung ist möglicherweise voreilig. Sie resultiert nicht zuletzt aus der Tatsache, daß man dieses Werk vorschnell mit der sogenannten strukturell-funktionalen Theorie identifiziert, die als konservativ und empirisch gehaltlos gilt. Doch der Ansatz von Talcott Parsons befand sich bis zuletzt in der Entwicklung, und er war niemals auf ein stabiles, geschlossenes theoretisches System fixiert. Er suchte auch immer am Zusammenhang zwischen theoretischer und empirischer Analyse festzuhalten. Noch in den 70er Jahren hat Talcott Parsons zusammen mit Gerald Platt in der Studie über die amerikanische Universität diesen Zusammenhang auch für seine ›späte‹ Position zu demonstrieren versucht.

Talcott Parsons charakterisierte seine Theorieentwicklung als das Bemühen um die komplizierte Balance zwischen Kontinuität und Wandel. Die Kontinuität aber hat er in der immer von neuem aufgenommenen Auseinandersetzung mit den Werken von Emile Durkheim, Max Weber und Sigmund Freud gefunden. Diese Autoren hätten ihm bei jedem Wiederlesen, bei jeder ›revisit‹, neue Einsichten gegeben, Einsichten, die ihm zuvor verborgen geblieben seien. Es ist an der Zeit, diese Haltung, die er gegenüber der soziologischen Tradition einnahm, auch ihm gegenüber einzunehmen, gegenüber seinem Werk, das inzwischen nicht nur in Gestalt von mehreren Monographien, sondern auch in sieben Bänden gesammelter Aufsätze vor uns steht.

Die folgenden Beiträge sind ein Versuch, einen solchen Anstoß zu geben. Er scheint gerade in der Bundesrepublik besonders dringlich, wo es weniger um das Wiederlesen als vielmehr noch immer um ein erstes Lesen geht. Dieses Lesen braucht nicht kritiklos, es kann, ja sollte, vielmehr in kritischer Distanz erfolgen. Wichtig allein ist, daß es überhaupt erfolgt.

Die folgenden Beiträge sind einem äußeren Anlaß zu verdanken. Er wurde durch Talcott Parsons' Biographie geschaffen. Am 12. April 1929 sind ihm der Titel und die Würde eines Doktors der Philosophie von der Universität Heidelberg verliehen worden. Dieses Ereignis hat sich 1979 zum 50. Male gejährt.

Aus diesem äußeren Anlaß hat vom 2. bis zum 4. Mai in Heidelberg ein wissenschaftliches Kolloquium stattgefunden. Es wurde vom Institut für Soziologie der Universität Heidelberg ausgerichtet und hauptsächlich von der Amerikanischen Botschaft in Bonn sowie dem Deutsch-Amerikanischen Institut in Heidelberg finanziert. An diesem Kolloquium konnte Talcott Parsons noch teilnehmen, zuhörend und diskutierend, mit ungebrochener Vitalität. Wenige Tage nach dem Kolloquium, in der Nacht vom 7. auf den 8. Mai, ist er in München gestorben. Der Tod beendete ein Leben, das bis zuletzt ein aktives Leben für die sozialwissenschaftliche Theorie gewesen ist.

Der folgende Band versammelt alle Referate, die während des Kolloquiums in Heidelberg vorgelegt wurden, sowie den Vortrag, den Talcott Parsons aus Anlaß der Erneuerung seines Doktordiploms durch die Wirtschafts- und Sozialwissenschaftliche Fakultät der Universität Heidelberg am 4. Mai 1979 in der Aula der Universität gehalten hat. Ich danke Frau Helen Parsons für ihre Zustimmung zum Druck dieser Rede. Trotz ihres vorläufigen Charakters würde ohne sie dem Band das fehlen, was den Teilnehmern des Kolloquiums die Heidelberger Tage unvergeßlich macht: die Authentizität.

Heidelberg, im Juli 1979 *Wolfgang Schluchter*

Wolfgang Schluchter
Statt einer Einleitung
Ansprache zur Eröffnung des
wissenschaftlichen Kolloquiums
zu Ehren von Talcott Parsons

Meine sehr verehrten Damen und Herren,

im Auftrag der Wirtschafts- und Sozialwissenschaftlichen Fakultät und im Namen des Instituts für Soziologie an der Universität Heidelberg begrüße ich Sie alle sehr herzlich zu dem wissenschaftlichen Kolloquium, das wir zu Ehren von Talcott Parsons durchführen wollen. Der Anlaß ist seine Promotion an der ehemaligen Philosophischen Fakultät der Universität Heidelberg, die sich in diesen Wochen zum 50. Male jährt. Wären wir Historiker und nicht Soziologen, so würden wir mit dieser Feier vermutlich in Legitimationsprobleme geraten. Denn wenn man den Akten unseres Universitätsarchivs glauben darf, hat Talcott Parsons bereits im Jahre 1927 promoviert. Doch: Den Soziologen, der sich um Ereignisgeschichte ja nur bedingt kümmert, kann diese kleine Zeitdifferenz nicht schrecken. Ereignisse sind sowieso nur Illustrationen für das, was man theoretisch will. Sie haben aber auch ihre Bedeutung nur in einem Bezugsrahmen. Und da wir Talcott Parsons unbedingt ehren wollten und dafür den zeremoniellen Bezugsrahmen einer Erneuerung des Doktordiploms gewählt hatten, stellte sich das gesuchte Ereignis in den Archiven denn auch tatsächlich ein. Talcott Parsons hat zwar 1927 promoviert, ihm ist aber erst im April 1929 die Doktorurkunde ausgehändigt worden. Und dies verdanken wir möglicherweise einem säumigen Assistenten, der einen Teil der von Talcott Parsons eingereichten Dissertation verlegt hatte, so daß die Drucklegung sich verzögerte. Dieser Assistent hat auch einen Namen: Es war Arnold Bergstraesser. Ihm ist also letztlich zuzurechnen, daß wir heute zusammen sind. Dafür wollen wir, die Nachgeborenen, ihm im nachhinein seine Säumigkeit vergeben. Denn ich habe die Hoffnung, daß auch dieses Kolloquium ein Ereignis wird.[1]

Damit es dazu werden kann, war zunächst und vor allem Talcott Parsons selber zu gewinnen. Ich weiß die Ehre hoch einzuschätzen, die er uns durch seine Anwesenheit erweist. Ich möchte ihn deshalb auf das allerherzlichste in diesem Kreise begrüßen und ihm dafür danken, daß er die gewiß nicht kleine Anstrengung der weiten Reise zu uns auf sich genommen hat. Ich wünsche mir sehr, daß er auch nach diesen Tagen noch das Gefühl hat, diese Reise nicht umsonst getan zu haben. Daß dies so wird, dafür sollen die Vorträge sorgen und natürlich auch die Diskussion, zu der Sie alle eingeladen sind. Mein herzlicher Gruß gilt deshalb gleich nach Talcott Parsons den Referenten Carl Friedrich Graumann, der zugleich den Dekan unserer Fakultät vertritt, Jürgen Habermas und Niklas Luhmann, die durch nichts mehr als durch ihre aktive Mitwirkung dokumentieren, welch überragenden Rang sie, vielleicht trotz kritischer Distanz, dem wissenschaftlichen Lebenswerk von Talcott Parsons zuerkennen, einem Werk, das ja in Deutschland, von wo es in gewissem Sinne seinen Ausgang nahm, bisher, von wenigen Ausnahmen abgesehen, nur höchst selektiv und oberflächlich rezipiert worden ist. Daß sich dies ändert, dazu soll nicht zuletzt auch dieses Kolloquium einen Anstoß geben. Daß die Referenten und Sie alle daran mitwirken wollen, dafür danke ich Ihnen sehr.

Meine sehr verehrten Damen und Herren, das Werk von Talcott Parsons umfaßt heute mehr als 200 Titel. Es hat eine Flut an Sekundärliteratur und mehrere Festschriften angeregt. Dies zeugt äußerlich von seiner immensen Spannweite und auch von seinem nachhaltigen Einfluß, wenn auch nicht in Deutschland. Und in der Tat: Wer sich darauf einläßt, sieht sich bald herausgefordert und kommt leicht in Atemnot. Er wird auf Gebiete und Entwicklungen verwiesen, die gemeinhin nicht mehr dem Bereich der Soziologie zugerechnet werden. Dieses Werk lebt von den Übergriffen in die Ökonomie, die Psychologie und die Kulturanthropologie, aber auch in die Physiologie, die Biologie, die Informations- und Kommunikationstheorie, in die Linguistik und in bestimmte Bereiche der modernen Philosophie. Diese Übergriffe, zusammen mit den Rückgriffen auf die soziologische Tradition, stellen enorme Anforderungen an den Leser; dies läßt aber auch überraschende Beziehungen zwischen disziplinär getrennten Wissensbeständen sichtbar werden. Talcott Parsons sagte einmal über Emile Durkheim, dieser habe eine bemerkenswerte Fähigkeit gehabt, Beziehungen zwischen Bereichen zu sehen, die gewöhnlich unverbunden nebeneinander stehen und auch als unverbindbar gelten. Mehr vielleicht als jede andere Bemerkung trifft diese auf ihn selber zu.

Dieses wissenschaftliche Kolloquium kann und will nicht den Anspruch erheben, das Werk in seinen vielfachen und vielfältigen Verzweigungen zu verfolgen. Es ist aber, wie ich hoffe, in seiner Themenstellung um einen Kernbereich dieses Werkes zentriert. Dies ist zudem ein Bereich, der gerade in jüngster Zeit in der deutschen Theoriediskussion Prominenz erlangt hat. Es geht um die Frage der Vereinbarkeit oder Unvereinbarkeit von Handlungs- und Systemtheorie als dem grundbegrifflichen Rahmen der Soziologie sowie um die Frage, in welchem Verhältnis sie zueinander stehen. In Talcott Parsons' Werk ist bekanntlich eine Theorie der *Handlungssysteme* entwickelt, eine Theorie also, die schon durch die Begriffswahl eine These ausdrückt. Dieser These unter anderem wollen die Referate nachspüren, aber auch der damit zugleich geforderten Abgrenzung von Handeln und Verhalten wie auch den Entwicklungsmöglichkeiten, die mit einer Theorie der Handlungssysteme verbunden sind. Die Referate sind keine Festvorträge, sondern theorietechnische Anstrengungen. Damit wollen sie dem Selbstverständnis von Talcott Parsons entsprechen, der sich einmal als einen unheilbaren Theoretiker, als »incurable theorist«, bezeichnet hat.

Die Referate behandeln also nur Aspekte des Werkes. Sie legen Schnitte, nehmen Limitationen an. Sie stehen damit vor der Gefahr, zu mythologisieren. Aber diese Art von Mythologisierung läßt sich nicht umgehen. Der Zwang zur Selektion, zum Aus- und Einschließen, ist gerade Talcott Parsons immer bewußt gewesen. Dies auch anderen bewußt zu machen, ist vielleicht nicht nur seine wissenschaftliche Überzeugung, sondern auch seine Lebensphilosophie. Ich wähle, gewissermaßen als Leitfaden für dieses Kolloquium, ein Zitat, in dem dies der Autor verdeutlicht. Ich glaube, daß es seine ›Weltsicht‹ besonders prägnant zum Ausdruck bringt.

»Sociology is not a *tabula rasa* upon which things called ›facts‹ inscribe their determinate and essential paths and shapes. No disciplined inquiry is. We approach our data as humans and, as humans, we approach with differential receptivity and intentionality everything toward which we propose a cognitive orientation. In this respect one need only recall Tolman's famous and provocative concept of ›the cognitive map‹. Data do not simply impose their structure on our inquiring and open minds: we *interact* with ›facts‹. We are not naive, we are not innocent; and, as we shall argue, ›no fact is merely itself‹: a completely open mind is a completely empty one. There is a formative input to analysis, the components of which are not born *ex nihilo* in or of the moment of encounter with ›facts‹; rather, they are grounded in the orientation and frame of reference of the analyst. Indeed, in major part we create, we do not merely encounter, facticity.«

Und weiter:

»The *›facts‹ of science are myths.*

This is not a new thought. It is, however, one whose implications for theorybuilding have not always been recognized; we believe that they must be.

We select from what William James called ›booming, buzzing‹ reality; we establish boundaries, we ascribe limits. In order to deal with what we make concrete as ›facts‹, we rip it from concrete *connectedness* and we pretend that it is a discrete particle. We select, we ascribe importance; and both our selection and our ascription of importance are in a sense unnatural since the array of reality itself does not supply the criteria for the selection or the ascription. Ultimately, no one is entirely guiltless of the fallacy of misplaced concreteness.

Unfortunately, by ripping our ›facts‹ from their bed in connectedness we make them to some extent unreal. We put on the blinders of a drayhorse and we stare at what has become unreal by our concentration upon it. However, *Ich kann nicht anders* and neither can you nor anyone else; selection, the imposition of boundaries, the ascription of importance (that is, noting in each act, the way in which the act transcends its nexus) – these are aspects of thinking itself. As Alfred North Whitehead put it in his first 1937 lecture at Wellesley College: ›A single fact in isolation is the primary myth required for finite thought‹. That fact is myth, fiction, but we must have it; we must isolate in order to encompass.

Whitehead pointed out also a consequence of our mythologization of nature by thought. He said:

›Connectedness is of the essence of all things of all types. ... Abstraction from connectedness involves the omission of an essential factor in the fact considered. No fact is merely itself.‹

And he argued therefore:

›Both in science and in logic you have only to develop your argument sufficiently and sooner or later you are bound to arrive at a contradiction... externally in its reference to fact.‹

We exclude – and what we exclude haunts us at the walls we set up. We include – and what we include limps, wounded by amputation. And, most importantly, we must live with all this, we must live with our wounded and our ghosts. There can be no Bultmann of science, pleading that we ›de-mythologize‹:

*Analytical thought itself is mythologization...*

On the one hand, in order to think at all, we must abstract, ascribe differential importance, select and establish analytical boundaries. On the other hand, these very activities doom our formulations to eventual inadequacy. Several relevant questions, to which we want to direct attention, are involved in that qualification ›eventual‹. When do we encounter the inadequacy, soon or late? When do we achieve closure and at what analytical level? How far can we push our formulations before they fail?

The ›when‹ of closure and the range of our formulations depend, we believe, on where and how we start. It is the *primary* abstractions that matter: the fecundity and the generality of theory depend upon the nature of our primary abstractions. It makes a difference where we carve our boundaries, what we include and what we exclude. It makes a difference to what we ascribe how much importance.«[2]

Ich will die philosophisch-methodologischen Implikationen dieser Formulierungen an dieser Stelle nicht kommentieren. Vielleicht bietet das Kolloquium Gelegenheit dazu. Ich will dieses Zitat vielmehr verwenden, um einen Wunsch auszudrücken. Es ist der Wunsch, daß wir in Talcott Parsons' Sicht nicht falsch anfangen und daß die Schnitte, die wir durch sein Werk legen, zu einer auch für ihn noch erträglichen Mythologisierung führen.

*Anmerkungen*

1 Der Vorgang stellt sich nach den Akten wie folgt dar: Talcott Parsons war, nach einem Aufenthalt an der London School of Economics vom September 1924 bis Juni 1925, wo er vor allem bei Hobhouse, Westermarck, Laski, Malinowski, Ginsberg und Tawney studiert hatte, im

Wintersemester 1925/26 als Austauschstudent – übrigens eher aus Zufall – nach Heidelberg gekommen, wo er unter der Anleitung von Edgar Salin mit der Arbeit an einer Dissertation unter dem Arbeitstitel »Geist des Kapitalismus in der neueren deutschen Sozialwissenschaft« begann. Im Sommersemester 1926 waren zwei Kapitel dieser Arbeit fertig, die Salin vorgelegt und von ihm offensichtlich genehmigt wurden. Da sich auch der damalige Assistent am Institut für Sozial- und Staatswissenschaften, Dr. Arnold Bergstraesser, für das Thema interessierte, überließ ihm der Doktorand die beiden Kapitel zur Einsichtnahme. Parsons ging dann im Herbst 1926 zurück nach Amherst, um die Stelle eines Instructors im Department of Economics zu übernehmen, und ließ die beiden Kapitel in Heidelberg zurück. (Die Kapitel waren handgeschrieben, Kopien existierten nicht.) In Amherst hat er dann am dritten Kapitel gearbeitet und es, nach seiner Rückkehr nach Heidelberg im Sommersemester 1927, fertiggestellt. Als er die gesamte Arbeit einreichen wollte, stellte sich heraus, daß die ersten beiden Kapitel nicht mehr aufzufinden waren. Da den Kandidaten für den Verlust keine Schuld traf, zudem das letzte Kapitel nach Ansicht von Salin auch für sich genommen eine sehr gute Arbeit darstellte, wurde er auch ohne die beiden fehlenden Kapitel zur Promotion zugelassen. Die Dissertation trug den Titel »Der Geist des Kapitalismus bei Sombart und Max Weber«. Das Rigorosum fand am 29. Juli in den Fächern Theoretische Nationalökonomie (Salin), Soziologie (Alfred Weber), Philosophie (Jaspers) und Neuere Geschichte (Andreas) statt. Parsons verpflichtete sich gegenüber der Fakultät, die beiden verlorengegangenen Kapitel wieder auszuarbeiten und nachträglich einzureichen. Es ist nicht klar, ob dies tatsächlich geschah. Parsons legte Anfang 1929 der Fakultät die Abhandlung »›Capitalism‹ in Recent German Literature: Sombart and Weber« vor, die 1928 und 1929 in zwei Folgen im Journal of Political Economy erschienen war. Diese Abhandlung wurde von der Fakultät als definitive Dissertation akzeptiert. Es scheint, als sei sie im wesentlichen mit dem dritten Kapitel identisch. In der Doktorurkunde heißt es: »Die vorgelegte wissenschaftliche Abhandlung ›Capitalism in Recent German Literature: Sombart and Weber‹ ist genehmigt und die mündliche Prüfung am 29. Juli 1927 abgelegt worden. Die Fakultät hat das Gesamtergebnis beider Leistungen als sehr gut (1. Grad) anerkannt. Fachvertreter war Professor Dr. Edgar Salin. Gegenwärtige Urkunde ist zu Heidelberg im 544. Jahr seit Gründung der Universität am 12. April 1929 vollzogen worden.«

Interessant ist auch das Urteil, das Salin über die wissenschaftliche Qualifikation des Doktoranden fällte. So heißt es in seinen Stellungnahmen unter anderem über das dritte Kapitel: »Das Kapitel, das auch sprachlich, mit ganz wenigen Ausnahmen, allen Anforderungen genügt, wird nicht nur in Amerika eine ausgezeichnete Einführung in

Max Webers Werk darstellen, sondern bedeutet auch eine außerordentlich glückliche Ergänzung der bisherigen deutschen Schriften über Max Webers Werk und Methode. Die sehr gute Arbeit, die in einiger Kürzung gewiß gern von jeder Zeitschrift veröffentlicht werden wird, kann unbedenklich mit der besten Note ausgezeichnet werden.« Und über die Person: »Ich nehme Bezug auf meine beiden, einer Hohen Fakultät brieflich erstatteten Gutachten und möchte hinzufügen, daß die Person des Verfassers besondere Gewähr dafür bietet, daß die Universität durch diese Promotion in den U.S.A. besondere Ehre einlegen wird. P. hat trotz seiner Jugend in den U.S.A. bereits eine geachtete Stellung, er war bisher in Amherst und wird vom Winter an in Harvard tätig sein. Es besteht m. E. die Gewißheit, daß er bei dieser seiner Lehrtätigkeit die Ergebnisse deutscher Wissenschaft in sehr viel höherem Maße berücksichtigen wird, als dies bisher in den U.S.A. üblich war.«

Für die Erlaubnis der Akteneinsicht danke ich dem Universitätsarchiv der Universität Heidelberg, insbesondere seinem Leiter, Herrn Dr. Weisert, für die Zusammenstellung der Dokumente Herrn Dr. Oel.

2 Charles Ackerman and Talcott Parsons, »The Concept of ›Social System‹ as a Theoretical Device«, in: Gordon J. DiRenzo (ed.), Concepts, Theory, and Explanation in the Behavioral Sciences, New York: Random House 1966, S. 24 ff.

# Carl F. Graumann
# Verhalten und Handeln
# Probleme einer Unterscheidung*

## 1. Zur Rezeption der Allgemeinen Handlungstheorie in der Psychologie

Vor wenigen Jahren brachten zwei amerikanische Sozialpsychologen, nämlich Leonard Berkowitz und Elaine Walster, einen Band heraus, der den Obertitel »Equity theory« trug.[1] Der Obertitel interessiert in unserem Zusammenhang nicht, wohl aber der Untertitel. Er lautet nämlich »Toward a general theory of social interaction«. Das Erscheinungsjahr war 1976; das war 25 Jahre nach dem Erscheinen der »General Theory of Action«, und ein Leser mußte neugierig den Band durchblättern, um die Beziehung zu dem früheren Versuch einer allgemeinen Theorie zu entdecken. Doch es findet sich weder ein Name noch ein Begriff, der an diesen ersten Versuch von 1951 erinnern würde.[2] Es mag sein, daß die Bezüge mehr impliziter Art sind und deshalb einer anderen Exegese bedürften, als ich dazu in der Lage bin. Denn der Untertitel, der nur um zwei Morpheme von der »General Theory of Action« entfernt ist, kann doch kaum zufällig so gewählt worden sein. Doch auf die Frage, was denn aus dem 25 Jahre älteren Versuch einer Theorie sozialen Handelns bzw. Verhaltens geworden ist, gibt das jüngere Werk keine Antwort.

Allgemein ist es schwierig zu sagen, welche Nachwirkung der anspruchsvolle Versuch einer allgemeinen Handlungstheorie von 1951 in der Psychologie gehabt hat (und nur als Psychologe und nur für die Psychologie werde ich mich in diesem Beitrag äußern). Ohne Zweifel ist der Einfluß der Arbeiten von Parsons, Shils und ihrer Mitarbeiter in der späteren Psychologie am ehesten da wirksam, wo es um Probleme der Sozialisation geht beziehungsweise der Entwicklung der Persönlichkeit, wo Psychologen mitgewirkt haben an der primär soziologischen Rollentheorie, und schließlich da, wo Kulturpsychologie die moderne Fortsetzung dessen sein will, was ganz zu Beginn der wissenschaftlichen Psychologie die »Völkerpsychologie« war.

Dagegen vermißt man die Nachwirkung der »General Theory of

Action« und ihrer Folgearbeiten (spez. der Working Papers von 1955 und des »Approach to Psychological Theory...« von 1959)[3] da, wo der Versuch gemacht wird, eine Synthese von handlungs- und verhaltenstheoretischen Konzepten zu entwickeln; denn ich unterstelle, daß der Versuch einer »General Theory of Action« der Versuch zu einer solchen Synthese gewesen ist. Nach wie vor finden wir aber in Soziologie und Psychologie Handlungstheorien und Verhaltenstheorien nebeneinander, wenn nicht gegeneinander stehen. Ist die Synthese, wenn es denn eine war, nicht gelungen? 1951 – das ist für den Psychologen Höhepunkt der Entwicklung der behavioristischen Lerntheorie;[4] bald danach brach das Primat der großen Lerntheorien, wurde die S-R-theoretische Äquivalenz von Lernen und Verhalten fragwürdig, wandelte sich der Behaviorismus bis zum kognitiven, ja subjektiven;[5] nicht aber wandelte sich bisher die Verhaltenstheorie zur Handlungstheorie. Zwar ist sicher richtig, daß zur Zeit der großen interdisziplinären Anstrengung der Allport, Kluckhohn, Murray, Olds, Parsons, Sears, Sheldon, Shils, Stouffer und Tolman, wie Talcott Parsons es im Vorwort der Monographie von 1951 ausdrückte: »... many streams of thought are in the process of flowing together«,[6] aber der Zusammenfluß wurde keine Synthese, zumindest keine, die für die Psychologie Verbindlichkeit erlangte.

Mit ein Grund für die relative Folgenlosigkeit des Versuchs einer allgemeinen Theorie des Handelns, zumindest in der Psychologie, war m. E., daß es anläßlich dieses Versuches nicht zu einer theoretischen und konzeptuellen Auseinandersetzung zwischen Handlungs- und Verhaltenstheorie kam. Im Gegenteil – in den Beiträgen zur »General Theory« und in den Folgearbeiten bis hin zu Parsons' Identitätsstudie von 1968[7] – tauchen die beiden Begriffe *behavior* und *action* relativ unverbunden, nebeneinander und oft, so bei Tolman, promiscue auf. Eine Klärung ihrer Beziehung findet nicht statt: »The theory of action is a conceptual scheme for the analysis of the behavior of living organisms«.[8] Doch wird an der gleichen Stelle Verhalten mit vier Kriterien ausgestattet, damit es Handeln genannt werden darf: (1) Es ist zielorientiert. (2) Es findet in Situationen statt. (3) Es ist normativ reguliert. (4) Es impliziert Energieverbrauch. Von diesen vier Kriterien ist eines direkt der Verhaltenstheorie entnommen: der Verbrauch von Antriebsenergie, wie ihn die ältere Motivationstheorie kennt.⁹ Ein weiteres Kriterium findet sich lediglich im molaren Behaviorismus Tolmans, nämlich daß Verhalten auf antizipierte Zustände gerichtet ist; denn den reinen S-R-Theorien des Verhaltens sind teleologische Konzepte suspekt geblieben. Offenkundig entspricht der Situationsbegriff der allgemeinen Handlungstheorie nicht der behavioristischen Gleichsetzung mit Reizkonstellation, und auch der Regelcharakter hatte in den 1951 bekannten behavior-Theorien keine Entsprechung. Wir hätten also zumindest in den Kriterien der Situiertheit und (normativen) Reguliertheit die *differentiae specificae*, die das *genus proximum* »Verhalten« als »Handeln« zu bezeichnen gestatten. Je nachdem, woran ich interessiert bin bzw. worauf ich achte, habe ich es mit handelnden Persönlichkeiten oder mit sich verhaltenden Organismen zu tun.

## 2. 1913: Watson und Weber

Dieses Nebeneinander, das innerhalb wie zwischen Psychologie und Soziologie bis heute anzutreffen ist, und das vor allem, was das Verhältnis der beiden Nachbardisziplinen betrifft, oft genug antagonistisch wirkte, ist nun alles andere als naheliegend oder gar notwendig. Die Opposition von Verhalten und Handeln geht wissenschaftshistorisch auf eine Koinzidenz zurück, die ich – pointiert – so formulieren möchte: Im Jahre 1913 beschließt ein Psychologe namens John B. Watson, daß Psychologie künftig, was sie bisher nicht gewesen war, Wissenschaft vom Verhalten sein soll. Er erfindet dazu in der Zeitschrift »Psychological Review« eine Figur, die er den »Behavioristen« nennt, und macht »behavior« zur zentralen Kategorie der Psychologie, die er streng naturwissenschaftlich betrieben sehen möchte.¹⁰ Etwa zur gleichen Zeit (ich meine den ebenfalls 1913 in der Zeitschrift »Logos« erschienenen Artikel »Über einige Kategorien der verstehenden Soziologie«) macht ein Soziologe namens Max Weber das soziale Handeln zum Grundbegriff – nicht der Soziologie schlechthin, aber – einer Soziologie, die er als verstehende entwickelt sehen möchte.¹¹ (Diese Kategorien sind noch nicht die späteren »Grundbegriffe«,¹² doch geht es bereits um Typen des Handelns.)

# Verhalten und Handeln

## J. B. WATSON

1913: »Psychologie, wie sie der Behaviorist sieht, ist ein vollkommen objektiver, experimenteller Zweig der Naturwissenschaft. Ihr theoretisches Ziel ist die Vorhersage und Kontrolle von Verhalten. Introspektion spielt keine wesentliche Rolle in ihren Methoden, und auch der wissenschaftliche Wert ihrer Daten hängt nicht davon ab, inwieweit sie sich zu einer Interpretation in Bewußtseinsbegriffen eignen. Bei seinem Bemühen, ein einheitliches Schema der Reaktionen von Lebewesen zu gewinnen, erkennt der Behaviorist keine Trennungslinie zwischen Mensch und Tier an.«

1930: »Der Behaviorist fragt: Warum machen wir nicht das, was wir *beobachten* können, zum eigentlichen Gebiet der Psychologie? Wir wollen uns auf Dinge beschränken, die beobachtbar sind, und Gesetze formulieren, die sich nur auf solche Dinge beziehen. Was aber können wir beobachten? Wir können *Verhalten* beobachten – *das, was der Organismus tut oder sagt.* Wir wollen sofort darauf hinweisen: Sprechen ist Tun – das heißt, *sich verhalten.* Laut sprechen oder zu sich selbst sprechen (denken) ist als Verhalten genauso objektiv wie Baseballspielen. Die Regel oder der Maßstab, den der Behaviorist ständig vor Augen hat, lautet: Kann ich den Verhaltensausschnitt, den ich wahrnehme, in den Begriffen ›Reiz und Reaktion‹ beschreiben? Unter einem Reiz verstehen wir jedes Objekt in der allgemeinen Umwelt oder jede Veränderung in den Geweben selbst, die durch den physiologischen Zustand des Lebewesens bedingt ist, etwa die Veränderung, die sich ergibt, wenn man ein Lebewesen daran hindert, sexuell aktiv zu sein, Nahrung aufzunehmen oder sich ein Nest zu bauen. Unter einer Reaktion verstehen wir alles, was das Lebewesen tut – zum Beispiel sich dem Licht zu- oder von ihm abwenden, bei einem Geräusch aufspringen und auch höher organisierte Tätigkeiten, wie Wolkenkratzer errichten, Pläne schmieden, Babys bekommen, Bücher schreiben und anderes mehr.«

(aus 1968: Behaviorismus. Köln: Kiepenheuer & Witsch)

## M. WEBER

1920: »Soziologie (im hier verstandenen Sinn dieses sehr vieldeutig gebrauchten Wortes) soll heißen: eine Wissenschaft, welche soziales Handeln deutend verstehen und dadurch in seinem Ablauf und seinen Wirkungen ursächlich erklären will. ›Handeln‹ soll dabei ein menschliches Verhalten (einerlei ob äußeres oder innerliches Tun, Unterlassen oder Dulden) heißen, wenn und insofern als der oder die Handelnden mit ihm einen subjektiven *Sinn* verbinden. ›Soziales‹ Handeln aber soll ein solches Handeln heißen, welches seinem von dem oder den Handelnden gemeinten Sinn nach auf das Verhalten *anderer* bezogen wird und daran in seinem Ablauf orientiert ist.«

(aus 1966: Soziologische Grundbegriffe. 2. A. Tübingen: Mohr)

Die nachwirkenden Konzeptualisierungen dieser beiden Männer (s. Kasten), so lautet meine These, haben dazu geführt, daß Soziologie und Psychologie zwar beide *menschliche Tätigkeit* in den Mittelpunkt ihrer Untersuchungen rückten,[13] dies jedoch in so unterschiedlicher Konzeption und Methodik, daß es bis heute schwerfällt, zu einer konzeptuellen und theoretischen Integration selbst da zu kommen, wo es geboten erscheint. Was an der »Allgemeinen Theorie des Handelns« Integrationsbemühung war, ist an dieser auf 1913 zurückgehenden Dichotomisierung gescheitert. Denn in dieser Dichotomie steckte, wie die Textauszüge bereits hinreichend deutlich machen können, die Unvereinbarkeit einer rein an Vorhersage und Kontrolle interessierten Naturwissenschaft mit einer an der Deutung von Sinn orientierten Geisteswissenschaft. Mag die Opposition von Natur- und Geisteswissenschaft für die meisten heutigen Psychologen obsolet geworden sein, und die Psychologie sich heute zusammen mit der Soziologie unter dem Dach der Sozialwissenschaften, wenn nicht gar der Verhaltenswissenschaften, eingerichtet haben – die bloße Tatsache, daß wir nach wie vor sinnvoll Handlungswissenschaften von Verhaltenswissenschaften, Handlungstheorien von Verhaltenstheorien unterscheiden, zeigt, daß die Differenz Handlung/Verhalten, die uns seit 1913 begleitet, alles andere ist als eine bloß begriffliche.

Um menschliches Tun oder Lassen als Verhalten oder als Handeln zu begreifen, bedarf es bestimmter Kriterien, die entweder bestehenden Verhaltens- bzw. Handlungstheorien zu entnehmen sind oder aber entsprechende »naive« Theorien implizieren. Mögen letztere das pragmatische Vorrecht des alltäglich Handelnden (des »Laien«) sein, der Wissenschaftler sollte begriffliche Unterscheidungen (wie prinzipiell auch synonyme Verwendung) begründen können.

Zumindest für die Verhaltenswissenschaft Psychologie gilt, daß sie an der Diskussion um die Angemessenheit der Konzeptualisierung menschlicher Aktivität als Verhalten (gegenüber Handeln) bzw. um die entsprechenden theoretischen Modelle wenig Anteil hat.[14] Diese Diskussion hat außerhalb der empirischen Psychologie und ohne nennenswerte Folgen für sie in der philosophischen Psychologie (vorzugsweise der analytischen Philosophie) stattgefunden. Die bloße Tatsache, daß Handlung vs. Verhalten eine Art Lieblingsthema der *philosophy of mind* der sechziger bis in die siebziger Jahre war, sollte noch einmal belegen können, daß die »Allgemeine Theorie der Handlung« von 1951 nicht als gelungene Integration verhaltens- und handlungstheoretischer Ansätze aufgefaßt werden kann.

## 3. Verhalten vs. Handeln

Die in der philosophischen Psychologie geführte Diskussion läßt sich durch eine doppelte Opposition charakterisieren: Das ist einmal, wie zu erwarten, die z. T. sehr pointierte Gegenüberstellung von Verhalten (vor allem von *behavior* im behavioristischen Sinne) und Handeln, zum andern, ihr korrelativ zugeordnet, die methodologische Opposition von kausaler und teleologischer Erklärung.

Ich will diese kategoriale Unterscheidung, die sich aus den Festsetzungen von Watson und Weber entwickelt hat, an einigen Beispielen demonstrieren, um zugleich einige der Fragen zu verdeutlichen, von denen ich glaube, daß sie auch dem Sozialwissenschaftler, sei er Soziologe oder Psychologe, gestellt sind. Mein erstes Beispiel, von dem ich unterstelle, daß es dem Psychologen noch am ehesten vertraut sein sollte, ist R. S. Peters' Analyse des Motivationsbegriffs, erschienen 1958,[15] also zu einer Zeit, als in der Psychologie die großen Motivationskonzepte (lerntheoretische, triebtheoretische, kognitivistische) gegeneinanderstanden.[16]

Peters übt bekanntlich Kritik an der auf Hobbes zurückgehenden Annahme, es könne eine allgemeine Theorie menschlichen Verhaltens geben, von deren Grundpostulaten Antworten auf alle Formen der Frage »Warum tut Jones X?« deduziert werden könnten. Peters versucht zu zeigen, daß diese Frage in so unterschiedlicher Weise gestellt werden kann, daß »Antworten darauf logisch unterschiedlich und manchmal logisch einander ausschließend sind«.[17] Zwei Antwortklassen schließen einander aus, nämlich Erklärungen nach Gründen und Erklärungen nach Ursachen.

Erstere sind Erklärungen durch Angabe des jeweiligen Ziels, des Zwecks, des Grundes, der (wie Peters sagt) »Pointe« irgendeiner Tätigkeit. Gibt man den Grund oder das Ziel einer Tätigkeit an, dann gilt diese im Prinzip als erklärt.[18] Die zweite Art der Erklärung dagegen besteht in dem Nachweis, daß die Änderung eines antecedens die zureichende Bedingung für die Veränderung eines nachfolgenden Zustandes ist, Kontiguität und Konstanz sonstiger Bedingungen vorausgesetzt. Ursachenfeststellung aber, so argumentiert Peters, ist nur für *behavior* in terminis von Bewegungen denkbar, nicht für Handlungen, deren Bewegungen, wenn sie überhaupt eine Handlung mitkonstituieren, hoch variabel sein können wie beim Paradebeispiel der Handlungstheoretiker: dem Unterzeichnen eines Kontrakts.[19] Hier übrigens koinzidieren die beiden Oppositionen; denn der Gegenüberstellung von Handlung und ›bloßer‹ Bewegung entspricht die der als grundverschieden angenommenen Erklärungsmodi.

Ich brauche wohl nicht im einzelnen darauf einzugehen, daß von Max Weber bis zu den Sprachanalytikern und sozialwissenschaftlichen Handlungstheoretikern eine weitgehende Übereinstimmung darüber besteht, daß – in den Worten Max Webers – »innerliches Tun, Unterlassen oder Dulden«[20] auch Handeln sein kann.[21] Diese Übereinstimmung ist eigentlich bei den Vertretern einer *ordinary language analysis* erstaunlich; denn umgangssprachlich zögern wir wohl eher, ein Stillhalten, ein Leiden als Handeln zu bezeichnen, auch wenn es sich als »bewußt« und »gewollt« und »verantwortlich« herausstellt. Die Urunterscheidung von *agere* und *pati*, von Aktiv und Passiv, hat sich wohl auf alle Wörter menschlicher Tätigkeit (gleich ob lateinisch Akt, Aktion (action), Aktivität oder deutsch Tun, Tat, Tätigkeit, Handlung) so ausgewirkt, daß die psychologisch wie handlungslogisch wichtige Differenzierung zwischen dem reinen *affici*, der bloßen Widerfahrnis, und dem Aushalten solchen Betroffenseins erst bei späterer Reflexion gemacht wird. Das wird, wenn ich auf die Anfänge der Verhaltens-Handlungs-Opposition zurückgehen darf, Max Weber tun, wenn er bei dem Untätigen erkennt, daß er einen Sinn mit seinem Dulden verbindet. Watson dagegen würde das ganze nicht einmal affizieren, weil er keine *responses* registriert, die bestimmte Umweltereignisse als Reize definieren; denn das Observable der Reaktion, die Bewegung, fehlt.

Peters nun stellt zwar das Tun (als echtes Handeln) dem Erleiden gegenüber,[22] muß aber, wenn man von seinen Prämissen extrapoliert, auch Passivbleiben dann als Handeln zulassen, wenn es die Frage: Warum tut er nichts? gestattet und die Angabe eines Grundes der Untätigkeit als Antwort akzeptiert werden kann. Erweist sich aber die beobachtete Untätigkeit als pure Bewegungslosigkeit, dann kann sie, etwa durch eine plötzliche Lähmung, auch kausal erklärbar sein. Die Lähmung bliebe auch dann ursächlich, wenn sie nicht bloße Bewegungslosigkeit zur Folge hätte, sondern das Nichtausführen einer an sich intendierten Handlung bewirkt hätte.

Die Meinungsverschiedenheit darüber, ob nicht auch Handlungen kausal erklärt werden können wie Verhalten (und wie Weber das der Soziologie auftrug), hängt nämlich eng mit dem Verständnis der Intentionalität zusammen, die Handeln von Verhalten (im behavioristischen Sinne) unterscheiden soll.

Der in der analytischen Philosophie verwendete Begriff der *Intentionalität* bzw. *Intention*,[23] der enger ist als der phänomenologische (der nicht zwischen menschlichem Verhalten und Handeln zu unterscheiden gestattete),[24] läßt sich mit Charles Taylor am besten aus der Zielgerichtetheit des Handelns entwickeln.[25] Denn wir nennen gemeinhin nur dasjenige Verhalten überhaupt ein Handeln, das ein Gerichtetsein auf ein Ziel bzw. einen Endzustand hin erkennen läßt. Damit ist allerdings mehr gemeint, als daß ein Verhalten gerichtet ist, Richtungscharakter hat (im Sinne jeder gerichteten Selbstbewegung), mehr auch, als daß ein Verhalten in einem Zustand endet (wie Bewegung in Ruhe). Vielmehr muß, so Taylor,[26] erkennbar sein, daß das Verhalten auf das Erreichen des Ziels, auf das Zustandebringen des Endzustandes gerichtet ist. Um aber ganz sicher zu sein, daß ein Verhalten i. e. S. zielgerichtet ist, bedarf ich des weiteren Kriteriums, der *Absichtlichkeit* der Zielorientierung, d. h. des sich absichtlich so und nicht anders Verhaltens. Wiederum genügt laut Taylor[27] weder die pure Absicht(serklärung) noch die bloße Sequenz von Absicht und absichtgemäßem Verhalten (etwa A erklärt, er werde es B heimzahlen, und schadet ihm dann tatsächlich, aber unabsichtlich); vielmehr muß die Intention funktional für das entsprechende »Ziel«-Verhalten sein.

Gleichwohl – und deshalb die Genauigkeit – ist diese Intention *nicht Ursache* der aus ihr erklärbaren Handlung. Die Erklärung einer Handlung aus einer identifizierten Absicht bzw. einem Zweck wird als *teleologische* Erklärung der Kausalerklärung als kategorial verschieden entgegengesetzt, weil zwischen Intention und Zweckhandlung nicht die kontingente Beziehung herrscht, wie sie zwischen antezedenter Ursache und nachfolgender Wirkung gelten soll, die beide völlig unabhängig voneinander bestimmt werden (können) müssen. Es sei denn, man fällt in der

Handlungstheorie auf die vor-Humesche Kausalitätsauffassung zurück, daß Ursachen ihre Wirkungen *hervorbringen*; dann sind Personen Verursacher rein als Subjekte.

Wie immer man die intentionale Beziehung und Beschreibung von der kausalen kategorial abhebt, zwei für die verhaltens- bzw. sozialwissenschaftliche Beschäftigung mit Handlungen wichtige Hinweise lassen sich Taylors »Explanation of behavior« noch entnehmen: (1) ein phänomenologischer: »... ein System, dem man Handeln zuschreibt, hat insofern einen Sonderstatus, als man es als Sitz von Verantwortlichkeit auffaßt, als Zentrum, von dem aus Verhalten gerichtet wird. Der Begriff »Zentrum« scheint sehr tief in unserer üblichen Sicht solcher Systeme zu wurzeln, und er bringt eine tiefe und durchgängige Metapher hervor, die des »Inneren«.[28] Und diesem Inneren schreiben wir Bewußtsein im Sinne von Intentionalität zu. Eine *intentionale Beschreibung* ist also immer die Beschreibung, die etwas für jemanden hat. Da Handlung Intentionalität impliziert, können nur Systeme handeln, denen Bewußtsein oder Intentionalität zukommt, also »Wesen, von denen wir sagen können, daß Dinge für sie eine gewisse Natur oder Beschreibung haben«.[29] Handlungen aber lassen sich nur intentional beschreiben. Allerdings muß, worauf schon Elizabeth Anscombe hinwies, eine Aktivität, die unter *einer* Beschreibung intentional ist, es nicht auch unter einer *anderen* sein.[30] Teleologische Erklärung hat jedenfalls intentionale Beschreibung zur Voraussetzung.[31] (2) Der zweite Hinweis ist unmittelbar methodologischer Art. Selbst wenn die Beziehung zwischen Intention und intendierter Handlung als eine nicht-kontingente keine i. e. S. kausale ist, kann jemand, der wie ein Behaviorist theoretisch nur an Möglichkeiten der *Vorhersage und Kontrolle* interessiert ist, eine Intentionserklärung als antecedens im Sinne einer unabhängigen Variablen auffassen und überprüfen, ob seine Vorhersage einer intendierten Handlung oder auch nur eines intendierten Handlungseffektes bei Konstanthalten anderer Bedingungen zutrifft. Ist dies überzufällig der Fall, wird er das erfolgreich als abhängige Variable vorhergesagte Verhalten als *ursächlich* durch die Absichtserklärung *bedingt* betrachten. Pointiert gesagt: Wer ohnehin Verhalten in terminis von Kontingenzen erklärt (Prototyp: B. F. Skinner), wird auch bereit sein, zwischen einem antezedenten verbalen Verhalten (Absichtserklärung) und einem zeitlich folgenden Verhalten eine kausale Beziehung anzusetzen.

Auch wenn es sich in einem solchen Falle nicht um das Grundmuster einer S-R-Beziehung handelt, sondern um die verpönte R-R-Beziehung (die etwa Spence[32] so unterschiedlichen Gruppen wie den »Phänomenologen« und den Faktorenanalytikern zum Vorwurf machte), so läßt sich (genaugenommen schon seit Watson) ein Response *funktional* dann als Stimulus behandeln, wenn es ein (weiteres) Response nach sich zieht.

Aus dieser funktionalen S-R-Konzeption ist die heute noch praktizierte *Mediationstheorie* des Neobehaviorismus entstanden (Bousfield, Osgood).

Letztlich ist es also die Zielsetzung oder Zweckbestimmung, die eine Wissenschaft sich selbst gibt (»Erkenntnisinteresse«), die darüber entscheidet, ob menschliche Tätigkeit als Handeln verstanden werden muß, oder als Verhalten erklärt werden kann. Für das eher *technologische* Wissenschaftsverständnis der S-R-Theoretiker (prediction and control) ist die Entscheidung für eine *kausale Verhaltensanalytik* klar. Unklar und verschwommen ist die Lage bei denjenigen vielen, die sich vom S-R-theoretischen Bezugssystem nicht lösen, aber das Verstehen menschlichen Verhaltens (oder gar Handelns) als ihr wissenschaftliches Ziel vorgeben.

Bevor ich auf die Alternative zu diesem zwiespältigen Zustand (»Eklektizismus«) eingehe, ein letztes Fragezeichen, das Sprachanalytik und Handlungslogik an die Vorgehensweise der Sozial- und Verhaltenswissenschaft gesetzt haben.

So nennt Georg Henrik von Wright, für den Handeln heißt, »intentional (›willentlich‹) eine *Veränderung* in der Welt (der Natur) *bewirken* oder *verhindern*«,[33] Handlungen auch Dinge, »die als geboten, erlaubt, verboten usw. bezeichnet werden«.[34] Sinngemäß sprechen wir über sie (auch) in den Modalbegriffen des Sollens (für die von Wright eine deontische Logik entwickelt hat).

Selbst wenn für Handlungen nichts weiter zu sagen wäre, als daß über sie außer in »alethischen«, »epistemischen« Modi immer auch in der Sprache des Erlaubten, Gebotenen, Verbotenen geredet wird, würde sich auch für die einzelwissenschaftliche Untersuchung von Handlungen die Frage der *Handlungsbewertung* stellen. Damit sind wir bei einem zentralen Problem von Max Weber: Ist die Untersuchung von Werten, Normen, Werthaltungen und Handlungsbewertungen lediglich ein legitimes *Thema* wissenschaftlicher Untersuchung (wie heute in Soziologie und Sozialpsychologie praktiziert) oder ist, wie es A. R. Louch in

»Explanation and Human Action«[35] behauptet, die Erklärung menschlichen Handelns durch Berufung auf Gründe, Absichten, Intentionen, Begierden oder auf Umstände nicht schon selber »moral explanation«[36] und damit nicht wissenschaftlich? Wenn seit Dilthey und Weber das Verstehen einer Handlung darin besteht, daß ich den *Sinn* akzeptiere, den ein Handelnder mit seinem Handeln verbindet, oder auch, den »man« damit verbindet, dann vollziehe ich die Wertung, etwa die Rechtfertigung mit, die Element der Sinngebung oder Sinnerfassung ist. Nach Louch vollzieht sich die Identifikation von Handlungen nicht in zwei Stufen, von denen die erste deskriptiv wäre und erst die zweite (zu vermeidende) evaluativ. Sondern: »Sofern die Untersuchungseinheiten menschlichen Verhaltens Handlungen sind, lassen sie sich nicht beobachten, identifizieren oder isolieren außer durch Kategorien der Einschätzung (assessment) und Bewertung (appraisal).«[37] Die Alternative, die sich aus dieser Behauptung ergibt, heißt dann: Entweder ich erkläre Handlungen (verstehe sie), dann treibe ich keine Wissenschaft im üblichen Verständnis; oder ich betreibe verhaltenswissenschaftliche Analyse (Kausalanalyse), dann aber verfehle ich zentrale Probleme menschlicher Subjektivität.

So sehr die extreme Position von Louch (die die Mehrzahl der anderen Handlungsanalytiker nicht teilt) die Arbeitsweise der modernen Verhaltenswissenschaften in Frage stellt, so bieten doch Erkenntnisse vor allem der Sozialpsychologie zumindest eine Stütze für die Besorgtheit Louchs. (1) *Sprache*, mit der wir mitmenschliches Verhalten charakterisieren, ist in der Regel *nicht deskriptiv*, sondern primär evaluativ. Selbst da, wo sie explizit deskriptiv intendiert ist, wird sie im kommunikativen Kontext eher wertend aufgefaßt. (2) *Kausalattributionen* auf Personen beschränken sich in der Regel nicht auf die bloße Feststellung einer Urheberschaft (Quelle), sondern meinen *Verantwortlichkeit*.[38]

Gleichwohl, glaube ich, heißt wissenschaftlich arbeiten, da wo Deskription geboten ist, die rein beschreibende Intention zu verdeutlichen. Ich glaube, daß deskriptive Intentionen nirgendwo schwerer zu realisieren sind als bei der Charakterisierung von Handlungen.[39] Wir kommen aber, wie uns Sprachanalytik und Handlungslogik zeigen, nicht daran vorbei, Erklärungen aus Gründen auf intentionale Beschreibungen zu gründen.

In der Soziologie (Mikrosoziologie) ist Intentionalanalytik –

schon durch den dort stärker spürbaren Einfluß der Phänomenologie – eher realisiert. Sie gehört zum Bestand; aber sie ist, soweit ich sehe, kein Element allgemeiner Theorienbildung.[40] In der Psychologie ist der Ansatz, intentional zu beschreiben, um teleologisch zu erklären, auf den Bereich angewandter Psychologie, speziell Klinischer Psychologie, abgedrängt worden. Da wo ohnehin der andere zu Wort kommt, in seiner eigenen Sprache, wo der Psychologe bemüht sein muß, den Sinn, den der andere mit seinem Handeln verbindet, zu erfassen, wie etwa im therapeutischen Dialog, ist am ehesten der Ort teleologischer Erklärung aufgrund intentionaler Beschreibung. Da aber entsteht keine Theorie des Handelns.

Umgekehrt ist die Basis der meisten allgemeinen Theorien der Psychologie (= Theorien des Verhaltens) die experimentelle Untersuchung. Nach ihrer Grundkonzeption ist sie kausalanalytische Untersuchung, die durch den Vorrang der Manipulation bzw. Kontrolle von unabhängigen Variablen gerade dem nicht Raum gibt, was für eine Handlungskonzeption menschlicher Tätigkeit unumgänglich ist: dem Dialog mit dem andern, der alleine die Übereinstimmung über das Handlungsziel und das Erreichen dieses Ziels fundieren kann. Von daher liegt nahe, daß eine psychologische Handlungstheorie (wie sie bspw. Hans Werbik[41] entwickelt) sich am ehesten in einem Praxisfeld wie der Beratung (Konfliktlösung), also im sozialen Handeln bewährt (vgl. hierzu auch Kaminski 1970).[42]

Ohne Zweifel gibt die Weiterentwicklung der psychologischen Grundlagenforschung manchem Anlaß zur Unzufriedenheit mit dem S-R-theoretischen Basismodell des Verhaltens; doch stellt dieses Unbehagen, das längst nicht alle erfaßt hat, das Modell eigentlich weniger in Frage, als daß es allmählich umgewandelt wird. Gilt schon für die Grundbegriffe Reiz und Reaktion, daß ihre heutige Verwendungsmannigfaltigkeit sich weit entfernt hat von ihrer ursprünglichen, noch bei Watson nachweisbaren Bestimmung, so ist »Verhalten« (einst identisch mit *response*-Bewegung) heute eine (schon bei Watson nachweisbare)[43] Worthülse, die alles vom unbedingten Reflex bis zum (»mentalen«) Planen der Zukunft umfassen soll. Längst sind zudem *stimuli* und *responses* (als innere) hypothetische Konstrukte geworden und haben als solche nichts mehr mit der ursprünglich für eine behavioristische Psychologie als unabdingbar geltenden Beobachtbarkeit zu tun. Aber man bleibt verhaltenstheoretisch orientiert.

Eine Änderung dieser herrschenden Orientierung im Sinne einer Entwicklung einer allgemeinen Handlungstheorie, scheint nur dann denkbar, wenn es gelingt, (1) die unverzichtbare experimentelle Methodik so zu modifizieren, daß die Versuchsperson zum Versuchspartner wird, dessen Auffassung vom Zweck des Experiments, dessen »Definition der Situation« und dessen eigene Bewertung seiner »Resultate« mit zu den Daten gehören, die es auszuwerten und zu diskutieren gilt.[44] (2) Weiter bedarf es einer Weiterentwicklung der psychologischen Methodologie in dem Sinne, daß experimentelle und andere Beobachtungsmethoden zusammen mit dialogischen Verfahren einsetzbar werden, nicht nur nebeneinander. Ansätze dazu sind vorhanden, wo z. B. freie Äußerungen (Interpretation, Intention) in standardisierte überführt werden (z. B. Kelly-Verfahren).[45] (3) Schließlich glaube ich, daß eine *rein psychologische Handlungstheorie* – nach Parsons – nicht mehr möglich sein sollte, gleich ob man sich system-theoretischer Konstrukte bedient oder nicht. Die Orientierung des individuellen Handelns am Handeln anderer ist längst (theoretisches) Gemeingut der Sozialpsychologie, und die Orientierung des sozialen Handelns an den Normen und Werten des jeweiligen sozio-kulturellen Systems sollte eine für Soziologen und Psychologen unaufgebbare Ausgangsposition sein, die nach wie vor mit gemeinsam erarbeiteten Konstrukten und Methoden verbindlicher aufgeklärt werden kann als in der fachwissenschaftlichen Isolation von soziologischer Handlungs- und psychologischer Verhaltensforschung.

*Anmerkungen*

\*Die Arbeit wurde gefördert durch ein Akademie-Stipendium der Stiftung Volkswagenwerk.

1 L. Berkowitz & Elaine Walster (eds.) 1976. Equity theory – Toward a general theory of social interaction.
Advances in experimental social psychology, Vol. 9. New York: Academic Press.

2 T. Parsons & E. A. Shils (eds.) 1951. Toward a general theory of action. Cambridge, Mass.: Harvard University Press.

T. Parsons, R. F. Bales & E. A. Shils 1955. Working papers in the theory of action. Glencoe, Ill.: Free Press.

3 T. Parsons, 1959. An approach to psychological theory in terms of the theory of action. In S. Koch (ed.) Psychology: A study of a science. Vol. 3. New York: McGraw-Hill, 612-711.

4 Vgl. etwa C. L. Hull 1951. Essentials of behavior. New Haven: Yale University Press, aber auch die um 1950 erscheinenden Arbeiten der Miller, Mowrer, Skinner und Spence.

5 Der Begriff des »subjektiven Behaviorismus«, strenggenommen eine *contradictio in adiecto*, stammt von G. A. Miller, E. Galanter & K. Pribram, 1960. Plans and the structure of behavior. New York: Holt, Rinehart & Winston.

6 Parsons & Shils, a. a. O., VIII.

7 T. Parsons 1968. The position of identity in the general theory of action. In C. Gordon & K. J. Gergen (eds.) The self in social interaction. Vol. 1. New York: Wiley, 11-123.

8 Parsons & Shils 1951, 53.

9 Das gilt vor allem für die energetischen Triebkonzeptionen von Freud, Hull und der Ethologie (vgl. Anm. 16).

10 J. B. Watson 1913. Psychology as the behaviorist views it. Psychological Review, 20, 158-177.
Deutsch in: Behaviorismus. 1968. Köln: Kiepenheuer & Witsch, 11-28.

11 M. Weber 1913. Über einige Kategorien der verstehenden Soziologie. Logos, 4, 253-280.

12 M. Weber 1966. Soziologische Grundbegriffe. 2. Aufl. Tübingen: Mohr (Siebeck).

13 Ich wähle hier den Begriff der Tätigkeit (Tun, Aktivität) als den allgemeineren, dem die beiden Konzeptualisierungen »Verhalten« und »Handeln« zu- bzw. untergeordnet werden können. Der philosophische Terminus der Tätigkeit (etwa im deutschen Idealismus oder bei Marx) bleibt dabei außer Betracht.

14 Eine Ausnahme sollten die wenigen handlungstheoretischen Ansätze in der neueren Psychologie darstellen, doch auch da ist die explizite Kenntnisnahme und Rezeption der analytischen Handlungstheorien eher rar. Eine positive Ausnahme ist: H. Werbik 1978. Handlungstheorien. Stuttgart: Kohlhammer.

15 R. S. Peters 1958. The concept of motivation. London: Routledge & Paul Kegan (2. Aufl. 1960).

16 Einen umfassenden und systematischen Überblick über die Motivationspsychologie bis zu Beginn der sechziger Jahre bietet das Buch von C. N. Cofer & M. H. Appley 1964.
Motivation: Theory and research. New York: Wiley.
Die entscheidende Entwicklung und Ausarbeitung der heute favorisierten kognitivistischen Motivationstheorien setzt jedoch erst in der

zweiten Hälfte der sechziger Jahre ein; vgl. hierzu B. Weiner 1972. Theories of motivation – From mechanism to cognition. Chicago: Markham.
17 Peters, a. a. O., 148.
18 Auf die von Peters vollzogenen weiteren Differenzierungen, bspw. von »his reason explanations« und »the reason explanations«, sei hier nur verwiesen. Sie sind nicht für unser Thema, wohl aber für die Methodologie der Motivationsforschung erheblich.
19 Weniger variabel als relativ beliebig können allerdings auch *responses* innerhalb eines behavioristischen Bekräftigungsparadigmas sein: Dem Lernpsychologen, der am Lernzuwachs einer Ratte im Konditionierungsversuch interessiert ist, ist es in der Regel gleichgültig, ob sich sein Versuchstier die »Belohnung« für den Lernfortschritt durch Hebeldrücken mit der linken Pfote, mit der rechten Pfote, mit beiden oder gar mit der Schnauze besorgt. Auch hier also kann das »Hebeldrücken« durch sehr verschiedene Responses realisiert werden.
20 Max Weber 1966, 5.
21 Eine Ausnahme bildet der engere Handlungsbegriff von David Rayfield, der vier Kriterien genügen muß. Vgl. D. Rayfield 1972. Action: An analysis of the concept. den Haag: Nijhoff.
22 Peters, a. a. O., 12.
23 Vgl. hierzu vor allem G. E. M. Anscombe 1963. Intention. 2. Aufl. Oxford: Blackwell.
24 Zum phänomenologischen Intentionalitätsbegriff vgl. E. Husserl 1913. Logische Untersuchungen. 2. Aufl. 3 Bde. Halle: Niemeyer; A. Gurwitsch 1975. Das Bewußtseinsfeld. Berlin: de Gruyter.
25 Ch. Taylor 1964. The explanation of behavior. London: Routledge & Paul Kegan.
26 A. a. O., 32.
27 A. a. O., 33.
28 A. a. O., 57.
29 A. a. O., 58.
30 Zur Problematik dieser »Verträglichkeitsthese« vgl. G. H. von Wright 1974. Erklären und Verstehen. Frankfurt: Athenäum.
31 von Wright, a. a. O., 113 f. Die enge Bindung der Handlung an eine bestimmte Art der Interpretation führt Hans Lenk dazu, Handlung im Rahmen seiner beschreibungstheoretischen Handlungsphilosophie als ein »Interpretationskonstrukt« zu fassen. H. Lenk 1979. Handlung als Interpretationskonstrukt – Entwurf einer Konstituenten- und beschreibungstheoretischen Handlungsphilosophie. In: H. Lenk (Hg.) Handlungstheorien interdisziplinär II, 2. Halbband. München: Fink, 279-350.
32 K. Spence 1944. The nature of theory construction in contemporary psychology. Psychological Review 51, 47-68.

33 G. H. von Wright 1976, Handlung, Norm und Intention. Berlin: de Gruyter, 83.
34 A. a. O., 1.
35 A. R. Louch 1966. Explanation and human action. Berkeley: University of California Press.
36 A. a. O., 4.
37 A. a. O., 56.
38 Vgl. hierzu auch Lenks Diskussion von Motiv und Motivation als Interpretationskonstrukte in Lenk, a. a. O., 327-334.
39 Schon der Verhaltensbegriff des frühen (Watson'schen) Behaviorismus entzog sich faktisch, obwohl ausdrücklich als Observable eingeführt, mit der Beobachtbarkeit auch der Beschreibbarkeit im engeren Sinne.
40 Als exemplarischer Beleg können die ohne expliziten Theoriebezug geschriebenen Situations- und Handlungsanalysen Erving Goffmans dienen.
41 S. Anm. 14.
42 G. Kaminski 1970. Verhaltenstheorie und Verhaltensmodifikation. Stuttgart: Klett.
43 Watson hat tatsächlich im Laufe seiner Veröffentlichungen, etwa zwischen dem »behavioristischen Manifest« von 1913 und der zweiten Auflage des »Behaviorismus« von 1930 das Kunststück fertiggebracht, Reiz und Reaktion, die zusammen Verhalten definieren, einmal im strengen physikalisch-physiologischen Sinne zu definieren, dann aber – wie der obige Textauszug (Kasten) belegt – wieder im allerweitesten Sinne: »... Wolkenkratzer errichten, Pläne schmieden, Babys bekommen...« zu exemplifizieren.
44 Es mag utopisch klingen, auf diese Weise einer »Aufweichung« der härtesten Methode psychologischer Grundlagenforschung das Wort zu reden; doch ist die Idee des Versuchspartners weder neu (Oswald Külpe hatte sie ausdrücklich) noch unrealistisch.
45 Die auf George A. Kelly zurückgehende Technik gestattet es, systematisch bis hin zu verschiedenen Formen quantitativer Auswertung mit den Kategorisierungen (Beschreibungen, Bewertungen, Interpretationen) des Probanden selbst zu arbeiten; zuerst in G. A. Kelly 1955. A theory of personality – The psychology of personal constructs. 2 vols. New York: Norton.

# Niklas Luhmann
# Temporalstrukturen des Handlungssystems
# Zum Zusammenhang von Handlungs- und Systemtheorie

Mein Beitrag soll sich mit einigen Fragen der Theorie von Handlungssystemen befassen. Er soll stärker als im allgemeinen üblich das Verhältnis von Handlung und Zeit beleuchten. Ich verfolge dabei den Gedanken, daß ein zu einfacher, an bloßer Bewegung orientierter Begriff von Zeit den Zugang zu Grundfragen einer Handlungstheorie versperrt und die Handlungstheorie vorschnell an das Subjekt oder an den »actor« verwiesen hat. Der Begriff des Subjekts ist aber vielleicht nur ein Aggregatbegriff für ungelöste Theorieprobleme.

## I.

Es wird zuweilen Klage darüber geführt, daß die soziologische Theorie nicht über eine angemessene Zeitbegrifflichkeit verfüge. Manchen erscheint es so, als ob es an einer Theorie des sozialen Wandels fehle. Stabilität werde überbetont. Andere vermissen das Thema Zeit schlechthin. Außerdem laufen die Forschungsinteressen der Soziologen und der Historiker auseinander. Es gibt zwar zunehmend eine soziologisch interessierte Historik, aber kaum eine historisch interessierte Soziologie. So liegen Forschungen über die Entstehung des historischen Bewußtseins oder allgemeiner: Forschungen über den geschichtlichen Wandel der Temporalstrukturen des Bewußtseins in den Händen von Historikern, nicht von Soziologen. Warum diese Abstinenz? Oder sollte man sagen: diese Unfähigkeit?

Die Antwort ist, wie mir scheint, sehr einfach und deshalb sehr schwierig: Die Frage nach der Zeit berührt grundbegriffliche Dispositionen der soziologischen Theorie. Sie liegt im semantischen Feld derjenigen Begriffe, mit denen man normalerweise anfängt, eine Theorie aufzubauen. Sie kann vielleicht nur dadurch angemessen behandelt werden, daß man übliche Grundbegriffe analysiert, auflöst und den Theorieansatz tieferlegt. Schon die Art, wie man den Begriff Sinn setzt und gebraucht, könnte etwas über Zeit aussagen oder vielleicht Denkmöglichkeiten auch blockieren. Vor allem entscheidet sich aber am Verhältnis der Begriffe Handlung und System, in welchem Umfang und mit welcher Tiefenschärfe soziologische Theorie das Phänomen der Zeit zu Gesicht bekommt.

Wie auch immer die weitere Analyse läuft: eine *erkenntnistheoretische* Fassung des Zeitproblems kann nicht am Anfang, sondern bestenfalls am Ende stehen. Man kann nicht vorab entscheiden, ob Zeit ein objektiver Sachverhalt oder ein rein subjektives Phänomen ist; ob es sich um eine Struktur der realen Welt oder um eine bloße Form der Anschauung handelt. Denn wie könnte eine solche Entscheidung begründet werden?

Eine *systemtheoretische* Analyse wird davon ausgehen, daß Zeit sowohl in der Umwelt als auch im System gegeben ist; daß sie aber für die Umwelt nicht notwendigerweise die gleiche Form und die gleiche strukturelle Relevanz annimmt wie für das System. Die Ausdifferenzierung von Systemen bezieht, mit anderen Worten, auch die Zeitdimension ein und verändert das, was für das System Zeit ist, auch wenn sie nicht verändern kann, was in der Umwelt als Zeit vorgegeben ist. Zeitformen gelten daher nicht a priori, nicht rückerschlossen aus der Tatsache, daß es überhaupt Zeiterfahrung gibt. Sie gelten stets relativ zu Systementwicklungen.[1]

Der Schlüssel für den Zusammenhang von Umwelt und System scheint in der Irreversibilität der Zeit zu liegen. Irreversibilität schließt Wiederholungen bzw. Rückkehr zum vorigen Zustand, etwa Rückkehr in die Stadt, die man verlassen hatte, nicht notwendig aus. Sie besagt aber, daß die Rückkehr einen Kraftaufwand erfordert und allein deshalb schon nie denselben Zustand wiedererreichen kann.[2] Sobald und soweit es Irreversibilität gibt, gibt es in rudimentärer Form Zeit. Handlungssysteme sind in einem weit darüber hinausgehenden Maße, zum Beispiel auch rhythmisch, an Temporalitäten ihrer äußeren und ihrer infrastrukturellen Umwelt gebunden.[3] Diese Bindung ist indes nicht zu verstehen als Einschränkung der dem Handlungssystem an sich freistehenden Möglichkeiten, Zeit zu begreifen und zu verwenden; sie ist ganz im Gegenteil Bedingung der Möglichkeit einer ihrerseits hinreichend komplexen Temporalstruktur im

Handlungssystem. Wie allgemein, so setzt auch in der Zeitdimension Konstitution und Erhaltung von Komplexität im System eine schon komplexe Umwelt voraus.

Diese systemtheoretische Problemfassung, die auf Steigerung der Komplexität von System/Umwelt-Beziehungen in emergenten Ordnungen abstellt, läßt sich zurückinterpretieren nicht auf ein erkenntnistheoretisches Modell, das die Systembasis von Erkenntnis durch Apriorismen repräsentiert. Statt dessen gewinnt man einen reicheren Begriff von Konstitution. Mit mehr Umweltvorgaben kann ein emergentes System mehr anfangen, muß aber auch Formen finden, in denen es seine internen Vorgänge in Beziehung zur Umwelt ordnen kann; und zwar Formen, für die es nicht notwendigerweise direkte Korrelate in der Umwelt gibt. Eine solche Formenkonstitution dient nicht ausschließlich und nicht einmal primär Erkenntniszwecken; sie dient der Selbstregulierung emergenter Ordnungen.[4] Aber sie reguliert damit unter anderem auch die Möglichkeiten der Erkenntnis, deren das System sich bedienen kann, um die Komplexität seiner Umwelt zu reduzieren, Informationen zu raffen und sich eben dadurch Möglichkeiten des Eingriffs in die Umwelt zugänglich zu machen, die die Umwelt von sich aus nicht anbietet.[5]

Es geht bei den Temporalstrukturen der psychischen und sozialen Handlungssysteme mithin um die Überformung einer umweltmäßig und infrastrukturell schon angelegten Temporalität, und man kann annehmen, daß dieser Konstitutionsprozeß mit dem Entstehen von Handlungssystemen nicht abgeschlossen ist, sondern in der Evolution des Gesellschaftssystems bzw. mit dem Aufwachsen der Einzelperson variiert. Wenn das zutrifft, muß man damit rechnen, daß Temporalstrukturen auf hochentwickelten Systemebenen recht komplizierte Relationengefüge sind, die sich nicht mehr ohne weiteres auf einen einzigen Begriff bringen bzw. mit einem einzigen Symbol wie Linie, Kette, Kreis, Pendel, Fluß oder ähnlichem repräsentieren lassen.[6] Eine Symbolisierung von Zeit ist bereits in den älteren Hochkulturen auf mehrfache Weise möglich,[7] und die Leitsymbolik variiert mit den Anlässen ihres Gebrauchs.

Man wird daraufhin eine aspektreiche Theorie der Konstitution von Zeit speziell durch und für Handlungssysteme erwarten müssen. Eine solche Theorie steht indes noch aus. Der im System/Umwelt-Konzept und im Emergenzkonzept liegende Grundgedanke wird, soweit es Zeit betrifft, noch kaum registriert, geschweige denn eingelöst. Forschungspragmatisch gesehen hat vielleicht die Einheit des Wortes »Zeit« wie eine Barriere gewirkt oder doch vorschnelle Optionen erzwungen. Deshalb ist es ratsam, nicht mit einem begrifflich fixierten Vorverständnis von Zeit zu beginnen, sondern auf allgemeine Grundbegriffe der soziologischen Theorie zurückzugehen. Denn an ihnen muß sich jede Konzeptualisierung der Zeit, wie sie für Handlungssysteme und speziell für soziale Systeme gilt, bewähren.

II.

Dies läßt sich zunächst an der Theorie des allgemeinen Handlungssystems zeigen, die Talcott Parsons entworfen hat, und es ist auch notwendig, hier zu beginnen, weil in der gegenwärtigen Theoriediskussion keine ähnlich ausgearbeiteten Alternativen vorliegen. Innerhalb des Theoriewerks von Parsons können Aussagen über Zeit auf drei Ebenen entdeckt bzw. fixiert werden. Die erste Referenz ist der Handlungsbegriff selbst. Im Anschluß an Max Weber, der die verstehende Erklärung allen Handelns zunächst an die Differenz von Zweck und Mittel gebunden wissen wollte,[8] interpretiert Parsons die Handlung als »inherently temporal«,[9] nämlich als Prozeß, der einen in der Zukunft liegenden Zielzustand realisiert. Hieraus hat sich später die Differenz von mehr zukunftsbezogenen und mehr gegenwartsbezogenen, instrumentellen bzw. konsumatorischen Orientierungen entwickelt, die in der zentralen Kreuztabellierung der Theorie das AGIL-Schema mitkonstituiert.

Übrigens erlaubt diese Interpretation der Handlung als »inherently temporal« einen interessanten Vergleich mit der älteren Passionen-Lehre, vor allem der Stoa.[10] Auch da hatte man eine Typologie der Passionen durch Kreuztabellierung gewonnen, und zwar auf Grund der Dichotomien gut/schlecht und gegenwartsorientiert/zukunftsorientiert. Die vier Passionen hießen hedoné, lýpe, epithymia und phóbos.[11] Was hat sich geändert, einmal abgesehen davon, daß die Dichotomie gut/schlecht durch die Dichotomie intern/extern ersetzt worden ist? Jedenfalls dies: daß die Theorie nicht mehr auf dominierende Passionen abstellt, sondern auf Funktionen, die allesamt erfüllt werden müssen, wenn

Handlung überhaupt ermöglicht werden soll. Daraus folgt dann: daß Spezialisierung nur über Systemdifferenzierung entwickelt werden kann, und das wiederum heißt: daß es nicht um eine *Wahl zwischen* den Typen (Passionen) gehen kann, sondern nur um eine *simultane Ausdifferenzierung und Höherentwicklung aller Typen* (Funktionen). Das macht es auch plausibel, daß die Dichotomie gut/schlecht ersetzt werden mußte durch die Dichotomie intern/extern.

Mit der Berücksichtigung als eine der Rand-Dichotomien der Kreuztabelle ist die Relevanz von Zeit für die Parsons'sche Theorie aber nicht erschöpft. Ein zweiter Ansatzpunkt bezieht sich auf die Differenz von System und Umwelt, also auf die andere Randdimension des AGIL-Schemas. Die Differenz von System und Umwelt bedeutet, daß ein System für eigene Operationen und speziell für das operative Verknüpfen einer Mehrheit von Handlungen Zeit benötigt. Daraus folgt, daß, zeitlich gesehen, nicht jedem Ereignis und nicht jedem Prozeß im System Punkt für Punkt ein Korrelat in der Umwelt entsprechen kann, und ebenso umgekehrt nicht jedem Ereignis bzw. Prozeß der Umwelt ein Korrelat im System.[12] Dies bedeutet, daß das System Zeit braucht, aber auch Zeit hat, um sich mit der Umwelt zu akkordieren, und hier liegt denn auch, systemtheoretisch gesehen, der Grund dafür, daß es im System gleichzeitig (!) die Möglichkeit einer mehr instrumentellen und einer mehr konsummatorischen Orientierung gibt; daß also das System sich in dieser Hinsicht differenzieren kann.

Man kann nun aber fragen: Was folgt daraus für die Zeitorientierung im System? Die allgemeine Auskunft: das System müsse Komplexität reduzieren, müsse Informationen raffen, müsse generalisieren und vergleichen können, hält sich nur an die sachlichen Aspekte von Sinn. In Hinsicht auf Zeit wird man sagen müssen: es sei unter solchen Bedingungen vorteilhaft, wenn das System Fernzeiten vergegenwärtigen, also Vergangenes und Künftiges in der Gegenwart integrieren könne. Die Alten hatten hierfür den Titel prudentia.

Diese Überlegung überschreitet aber bereits das, was Parsons explizit vorlegt. Man muß sich insbesondere fragen, wie diese gegenwärtige Zukunft und Vergangenheit, die für die Überbrückung der Temporaldifferenzen zur Umwelt benötigt wird, sich verhält zu dem Dominieren von entweder Zukunft oder Gegenwart, deren Ausgleich die Zweck/Mittel-Rationalität des Handelns selbst ausmacht. Jedenfalls spielt in beiden Randdichotomien Zeit eine Rolle. Fast könnte man sagen: sie konstituiert das über Kreuztabellierung gewonnene Schema der vier Funktionen. Aber jede Handlung, jeder unit act impliziert alle vier Funktionen. Die Handlung ist der Ausgleichspunkt der Funktionswidersprüche, die nur im analytischen System auseinandertreten. Muß man daraus folgern, daß die Handlung selbst zeitlos ist? Oder jederzeitig? Oder ein keine Zeit in Anspruch nehmendes, ein punktuelles Ereignis?

Der dritte Ansatzpunkt ist im publizierten Werk von Parsons nicht deutlich erkennbar. Ich möchte aber auf eine mögliche Interpretation zumindest hinweisen. Parsons zerlegt den unit act in analytische Komponenten (actor, object, orientation, modality). Diese Konstituenten sind ihrerseits nicht mehr Handlungen, sind aber sämtlich noch sinnvoll (meaningful). Dadurch wird Sinn zur abstraktesten und letztlich unifizierenden Kategorie der Theorie. Hier könnte man nun die Frage anschließen, ob nicht aller Sinn (sofern nicht von realen Systemen abstrahiert wird) Zeithorizonte impliziert, nämlich sowohl in die Zukunft als auch in die Vergangenheit verweist. Hier allein bestünde eine Möglichkeit, phänomenologische Analysen einzubauen, nämlich Analysen der Struktur und der Implikationen der Sinnhaftigkeit des Erlebens und Handelns schlechthin. Die Konsequenzen, die sich daraus für das gesamte Theoriewerk von Parsons ergeben könnten, sind indes nicht zu überblicken, nicht einmal abzuschätzen. Es ist vor allem zu fragen, ob angesichts der Art, wie Parsons über die Begriffe Sinn und Intention, Handlung und Subjekt und nicht zuletzt über den Begriff der Zeit in seiner Theorie schon verfügt hat, eine phänomenologische Analyse von Sinn überhaupt genügend Entfaltungsspielraum finden kann, und ob sie nicht zwangsläufig zu inkompatiblen Ergebnissen führen würde.

Ich verfolge eine vom Sinnbegriff her mögliche Analyse hier nicht weiter, sondern wende mich dem zuerst genannten Gesichtspunkt zu: dem Verhältnis von Handlung und Zeit.[13] Dabei möchte ich eine Ausgangsannahme der soeben skizzierten Theorie revidieren und einige Folgerungen deutlicher artikulieren. Die Absicht ist: damit zu einem komplexeren und realitätsnäheren Verständnis der Temporalstruktur von Handlungssystemen zu gelangen.

## III.

Zunächst: Handlungen sind keine Prozesse, sondern Ereignisse. Sie können nicht analog zu Bewegungen (Körperbewegungen!) begriffen werden, sie sind vielmehr Entscheidungspunkte, an denen sich Beziehungsnetze restrukturieren, und Prozesse ergeben sich erst durch die Verknüpfung einer Mehrzahl von Handlungen. Mit dem Begriff der Bewegung ist immer eine *Selbständerung* gemeint. Ereignisse aber, und das gilt auch für Handlungen, ändern nicht sich selbst, sondern anderes.

Natürlich soll damit nicht bestritten werden, daß man auch Handlungen unter dem Gesichtspunkt ihrer Dauer betrachten kann. Alles, was in der Zeit existiert, hat eine wie immer minimale zeitliche Extension. Aber diese Extension der Handlung hat im Handlungssystem nur die Funktion eines Differenzpunktes zwischen Zukunft und Vergangenheit, sie kommt nur in dieser Hinsicht in Betracht, und jede Handlung kann, wenn sie für Umschaltvorgänge im System zu lange dauert, in Teilhandlungen zerlegt und damit der Punktualität angenähert werden.[14]

Hieran schließt eine zweite These an, und sie ist die eigentlich entscheidende: Man muß bei der Analyse von Handlungssystemen deutlich unterscheiden zwischen dem *Rationalitätsschema von Zweck und Mittel* und dem *Zusammenhang oder der Interdependenz der einzelnen Handlungen*. Es ist, mit anderen Worten, nicht das Zweck/Mittel-Schema, das den Zusammenhang der Handlungen vermittelt (was ja heißen müßte: daß ohne Orientierung an Zweck und Mittel keine Interdependenz zwischen Handlungen möglich wäre). Daher ist es auch nicht das Zweck/Mittel-Schema, das den Sinn der Einzelhandlung letztlich bestimmt, oder verständlich macht, oder entscheidbar macht. Der Sinn des Handelns ergibt sich immer schon aus der Verweisung auf andere Handlungen oder auf sonstige Ereignisse; seien es Handlungen derselben Person oder Handlungen anderer Personen; seien es vorangegangene oder als Folgehandlungen erwartete Handlungen. Es sind also zunächst Handlungszusammenhänge, die den Sinn der einzelnen Handlungen konstituieren, die ihn vereinzeln, die ihn zurechenbar machen; die erkennbar, erwartbar, forderbar machen, daß Handlung als Einzelereignis eingesetzt wird, das eine Differenz zwischen Vergangenheit und Zukunft einschiebt und dadurch Zeit bewegt.

Ob und wozu dem dann noch die Form von Zweck und Mittel aufgeprägt oder abverlangt wird, ist eine zweite Frage, die ich im Moment zurückstellen möchte.[15] Jedenfalls genügt das Klingeln an der Tür, um meinem Handeln einen Sinn zu geben, ob ich die Tür nun öffne, vorsichtig öffne, erst aus dem Fenster schaue oder gar nicht öffne. Beobachter würden aus diesen Varianten möglichen Verhaltens Schlüsse ziehen können, die sehr viel reicher sind als nur zu sagen: daß ich mein Handeln als Mittel zur Öffnung der Tür einsetze. Vor allem wird man sich aber fragen müssen, wieweit der Sinn meines Handelns davon abhängt, daß es der Zweck des Handelns eines anderen war, dieses Handeln auszulösen. Wie könnte ich dann sinnvoll nicht öffnen, obwohl das Klingeln mein Öffnen bezweckt?

Jedenfalls ist Zeit in Handlungszusammenhängen schon längst konstituiert, wenn eine Artikulation nach Zweck und Mittel hinzugegeben wird – sozusagen als eine Art Prüf- und Kontrollsinn. Zeit ist schon nötig, um Handlungen aufeinander folgen und einander beeinflussen zu lassen, ob nun ein Zweck/Mittel-Verhältnis zwischen ihnen besteht oder nicht. Wenn in der empirischen Forschung festgestellt werden kann, daß die Kenntnis der unmittelbar vorausgehenden Handlung eines anderen der beste einzelne Prädiktor für die Voraussage des Handelns ist,[16] so heißt dies ja nicht, daß das vorausgehende Handeln normalerweise seinen Zweck erreicht. Aber es heißt zumindest dies: daß Zeit, jedenfalls auf kurze Distanz, als eine Art Bindemittel eingesetzt werden kann, das für die Beteiligten selbst, und eben deshalb dann auch für Beobachter, Prognosen trägt und damit Orientierungen trotz beiderseitiger Kontingenz ermöglicht.

Wie ist das zu verstehen? Wie vermitteln sich eigentlich Sinnvorgaben von Handlung zu Handlung?

Wenn man diese Frage weiterverfolgt, kommt man meines Erachtens besser an die eigentümliche Funktion von Temporalstrukturen in Handlungssystemen heran, als wenn man aus der Differenz von Mittel und Zweck lediglich das Hinausschieben von Befriedigung oder die Differenz von momentaner, handlungsimmanenter und künftiger Befriedigung herausholt.

## IV.

Mit einem ersten Analyseschritt ist festzuhalten, daß jedes Ereignis als Element eines Systems mit temporalisierter Komplexität eine eigene unwiederholbare Vergangenheits- und Zukunftsperspektive besitzt. Ein Ereignis kann als gegenwärtig-passierend nur begriffen werden, wenn man seine unmittelbare Vergangenheit und seine unmittelbare Zukunft ein Stück weit mitsieht. Das gilt erst recht und verstärkt für Handlungen. Hier hilft die Zurechnung auf Personen und Intentionen – das kann Selbstzurechnung und kann Fremdzurechnung sein – zu einer Erweiterung der Zeithorizonte, die im Handlungsereignis integriert sind. Speziell im sozialen Kontext ist Handeln einerseits selektiver Appell an eine gemeinsam erinnerte Vergangenheit, andererseits Angebot einer gemeinsamen Zukunft. Es beruht nicht nur auf Erwartungen im Sinne mentaler Zustände, die nötig sind, damit man sich orientieren kann; es ist selbst Erwartung im Sinne offengelegter und damit zeitbindender Antezipation von Folgehandlungen. Wenn ich schon klingele, kann ich nicht mehr gut bestreiten, daß ich es darauf anlege, daß jemand öffnet. Robert Sears scheint genau dies gemeint zu haben, wenn er expectancies als anticipatory reactions beschreibt und die Formulierung anschließt: »These anticipatory reactions... are the expectancies that make the behavior of the two people truly interdependent«.[17]

Handlungssequenzen kommen demnach zustande durch ein kontinuierliches Verschieben von ereignisgebundenen Zeitperspektiven, die sich in ihren Zukunfts- bzw. Vergangenheitshorizonten überschneiden. Aber reicht diese Erklärung schon aus? Setzt sie nicht zu viel an normalem, unanalysiertem Zeitverständnis voraus. Was heißt hier: kontinuierliches Verschieben? Und wie ist ein solches Verschieben seinerseits möglich?

Einen weiteren Schritt kann man tun, wenn man die Frage stellt, *wie über Irreversibilität disponiert wird.*[18] Das Problem der Reversibilität/Irreversibilität liegt nicht primär in der Umkehrbarkeit/Unumkehrbarkeit objektiver Verläufe. Gemeint ist hier vielmehr ein Problem, das allen Sinnstrukturen immanent ist: daß man zu Sinngehalten, die man im Verlauf des Erlebens und Handelns verläßt, indem man sich anderem zuwendet, zurückkehren kann; daß man sie in neuen Gegenwarten reaktualisieren kann, sofern sie nicht irreversibel geworden und nur noch der Erinnerung verfügbar sind. Wer, um ein Beispiel zu bilden, seine Brieftasche vergessen hat, kann umkehren und sie holen: Sie befindet sich dort, wo er sie hatte liegenlassen. Wer dagegen sein Geld ausgegeben hat, dem bleibt nur die Erinnerung als Modus der Reaktualisierung von Möglichkeiten.

Unbestreitbar gibt es aus Gründen, über die kein Handlungssystem verfügen kann und die für das System Umwelt sind, Irreversibilitäten und insofern auch Zeit. Aber die Ausdifferenzierung eines Handlungssystems eröffnet einen Spielraum, in dem es möglich wird, Irreversibilität auch aufzuschieben, hinauszuzögern oder sie auch in unbemerkte Prozesse, etwa das allmähliche Vergessen, abzudrängen. Es können oberhalb der irreversiblen Ereignisfolge Möglichkeitsprojektionen durchgehalten werden, die nur langfristig, wenn überhaupt, in Unmöglichkeiten transformiert werden. So wird der unbegabte, widerspenstige Schüler in der Klasse erst allmählich zum hoffnungslosen Fall.[19]

Handlungssysteme konstituieren den Sinn der Handlungen, aus denen sie bestehen. Für sie liegt daher nicht vorab schon fest, was zu welchem Zeitpunkt irreversibel wird und was nicht. Vielmehr gehört die Differenz von Reversibilität und Irreversibilität mit zu der Ordnungsleistung, die sie erbringen. Und gerade das, was sie durch Strukturbildung der Vergänglichkeit des Moments entziehen, wird damit reversibel gemacht: Es dauert, man kann es also ändern. Anders als eine vereinfachte Entgegensetzung von Struktur und Prozeß es wahrhaben will, dient gerade die Strukturbildung dem Vorhalten von Änderungsmöglichkeiten, während als Prozeß die Verkettung der Ereignisse erscheint, sofern sie irreversibel wird. Strukturen dienen dem Aufbau von Reversibilität, Prozesse dem Erzeugen von Irreversibilität. Gerade umgekehrt, als normalerweise angenommen wird, sind Strukturen also dynamischer als Prozesse; sie tendieren jedenfalls zum Dynamischwerden (sofern die Umwelt hinreichend komplex bleibt), Prozesse dagegen zur Ablagerung einer nur noch statischen Vergangenheit. Irreversibilität ist nun aber das, was die Zukunft zur Vergangenheit macht. Irreversibelmachen ist die Leistung der Gegenwart. Wenn ein Handlungssystem Irreversibilität produzieren, Irreversibilität aber auch aufhalten kann, muß es mithin über *zwei verschiedene Arten von Gegenwart* verfügen können: über eine *punktuelle Gegenwart*, in der unaufhörlich und unaufhaltsam Zukunft zur Vergangenheit wird, und eine *dauernde Gegen-*

*wart* (specious present), die Zukunft und Vergangenheit stärker distanziert, in der man sich aufhalten und gegebenenfalls aushandeln kann, was werden soll.[20]

Die punktualisierte Zeit wird durch die Uhr gemessen. Die Uhr symbolisiert das jederzeit mögliche, in jedem Zeitpunkt aktualisierbare Irreversibelwerden. Aber das ist für Handlungssysteme noch nicht die ganze Zeit. Es gibt außerdem jene vorgehaltene Zeit, in der Mögliches dauert. Es wäre falsch oder jedenfalls inadäquat zu sagen, daß diese Zeit durch jene gemessen wird.[21] Die Uhrzeit ist ein Maß für die verlorene Zeit, aber die Dauer enthält in sich die Möglichkeit, das Offenhalten zu verlängern oder zu verkürzen, Anfang und Ende zu bestimmen, zu beschleunigen oder zu verlangsamen, kurz: mit der Zeit über die Dauer der Dauer zu verhandeln. Zwischen beiden Formen von Gegenwart der Zeit gibt es Probleme der Relationierung, denn sie müssen gleichzeitig gelebt und praktiziert werden; aber die Relationierung ist mit dem Begriff der Messung nicht adäquat erfaßt.

Das Konzept zweier Gegenwarten von Zeit ist nicht neu, es wird hier nur funktionalistisch umgedeutet mit Bezug auf das Problem Reversibilität/Irreversibilität und ist damit variabel gesetzt. Auch die antike Tradition hatte Moment (kairós) und Dauer (chrónos) unterschieden, hatte aber beides als Form der Außenbestimmung des Handelns gesehen. In dem hier skizzierten Konzept geht es dagegen um eine in Handlungssystemen selbst erwirkte Verzeitlichung. Nur die Struktur der Verdoppelung der Gegenwart entsteht quasi zwangsläufig, weil mit ihr der doppelten Möglichkeit von Irreversibilität und Reversibilität Rechnung getragen wird; aber die Grenzen der beiden Gegenwarten und ihre Zukunfts- bzw. Vergangenheitsbezüge werden erst situations- und problemspezifisch festgelegt. Beide Gegenwarten werden, mit anderen Worten, simultan konstituiert und simultan benutzt. Sie setzen sich wechselseitig voraus. Die Gegenwärtigkeit der Gegenwart ist diese Simultaneität. Als stets gegenwärtig hält ein Handlungssystem sich offen für ein Simultantraktieren von Reversibilitäten und Irreversibilitäten und disponiert so über seine »Bewegung« in der Zeit.

Weder Zeitpunkt noch Zeitdauer sind hiernach »objektive« Gegebenheiten (obwohl Umweltbeschränkungen der Systemdisposition natürlich anerkannt werden). Der Zeitpunkt ist kein logisches (und insofern objektives) Minimum an Zeitausdehnung. Er markiert nur die Differenz von Vorher und Nachher mit einer dazu benötigten Dauer – zum Beispiel der Dauer, die man braucht, um ein definitives Nein auszusprechen. Der Zeitpunkt ist also nur relativ kürzer im Verhältnis zur anderen Gegenwart, zur arretierten Zeit, in der etwas im Unentschiedenen, Widerrufbaren, Vorbehaltenen belassen werden kann. Und auch deren Grenzen hängen von den Themen ab, um die es sich handelt.

In allen sozialen Systemen entsteht allein schon dadurch, daß sie Kommunikation benutzen, eine solche Differenz zweier Gegenwarten, nämlich die Differenz zwischen erlebter Zeit, die immer weiterrinnt, weil immer etwas passiert, und der Wortankommzeit, die man abwarten muß, um zu sehen, ob und was der andere verstanden hat. Allein schon Kommunikation erzwingt eine Extension der Gegenwart, man muß die Reaktion anderer abwarten können – oder es hat überhaupt keinen Sinn zu kommunizieren.[22]

Noch weiter muß die Gegenwart gedehnt werden, wenn es darauf ankommt, Konsens zu finden. Zum Beispiel stellen Sitzungen in Ausschüssen oder beschlußfähigen Konferenzen die Teilnehmer vor die Frage, ob und wie lange sie sich um Einvernehmen bemühen, also die Meinungsbildung offenhalten sollen; oder ob und von wann ab sie Positionssignale abpfeifen, irreversible Punkte markieren und auf Abstimmung zusteuern sollen.[23] Hierbei mag der Blick auf die Uhr eine Rolle spielen. Aber es gibt offensichtlich viele andere Gesichtspunkte, die die Wahl der Strategie mitbeeinflussen. Die Uhrzeit hält nur die Möglichkeit bereit, jederzeit auf die Irreversibilität der Zeit zu setzen. Aber diese Möglichkeit hat ihrerseits Dauer, sie verschwindet nicht selbst mit dem Zeitlauf. Sie steht nur bereit und gibt daher auch die Sicherheit, es eine Weile noch nicht zu tun.

Thomas Cottle schlägt vor, an der dauernden Gegenwart im Verhältnis zum gerade aktuellen Moment einen Vergangenheitsteil und einen Zukunftsteil der Gegenwart zu unterscheiden.[24] Man hätte in Sitzungen demnach die Wahl, sich in bezug auf eine vorgehaltene, unabgeschlossene Gegenwart mehr an deren Vergangenheitsteil, etwa den vorherigen Beiträgen der Teilnehmer, oder mehr an deren Zukunftsteil, nämlich einem angestrebten Beschluß, zu orientieren. Wir kommen darauf nochmals zurück.[25] Die terminologischen Komplikationen (Zukunftsteil der Gegenwart, gegenwärtige Zukunft, künftige Gegenwarten und dies noch bezogen auf verschiedene Arten von Gegenwart) zeigen jedenfalls an, daß jede genauere Analyse einen Bedarf für komplexere Zeittheorien weckt.

Wenn es nun diese beiden Gegenwarten, die punktualisierte und die extendierte Gegenwart zugleich gibt, wird der Begriff der *Gleichzeitigkeit* ambivalent. Er ist es allerdings ohnehin, da nichts in der Zeit ohne Dauer existieren und nichts, was unterschiedlich dauert, im strikten Sinne gleichzeitig sein kann. Im Grunde ist es schon fraglich, ob und wie man Zeitpunkte (Anfang/Ende) und Zeitstrecken überhaupt simultaneisieren kann. Vielleicht ist es daher nützlich, das ganze Problem in Dispositionsbegriffe (Simultaneisierung!) zu übersetzen. Genau dies ist in den letzten beiden Jahrzehnten in der sog. Attributionstheorie auch mit der Kategorie der Kausalität geschehen.[26] Man kann deshalb beide Konzeptentwicklungen verbinden und sagen, daß kausale Schemata die Welt desimultaneisieren.[27] Ein System kann, so könnte man sagen, von Gleichzeitigkeit ausgehen, soweit es nicht kausale Schemata braucht, um Komplexität zu temporalisieren. Es kann daher Zeitstrecken, in denen nichts Irreversibles (nichts, was das System als irreversibel behandeln muß) geschieht, als gleichzeitig ansehen und alles, was in einer solchen Dauer geschieht, die nichts voranbringt, als gleichzeitig behandeln, obwohl es gleichzeitig (!) über die Möglichkeit verfügt, die Gleichzeitigkeit jederzeit zu unterbrechen; und obwohl miterlebt wird, daß die Zeit verrinnt und daß es den Beteiligten freisteht, jeden Zeitpunkt zu benutzen, um Zäsuren zu setzen und Diskontinuitäten irreversibel zu machen.

Im Anschluß hieran ist es schließlich möglich, den altehrwürdigen Begriff der »Wechselwirkung«[28] aufzufrischen. Kant hatte »Wechselwirkung« bekanntlich als erfahrungsnotwendige Ausfüllung von Gleichzeitigkeit postuliert. Die dritte Analogie lautet: »Alle Substanzen, sofern sie im Raume als zugleich wahrgenommen werden können, sind in durchgängiger Wechselwirkung«. Für die erkenntnistheoretische Absicht war es nicht notwendig gewesen, diese These weiter zu spezifizieren.[29] Erst komplexitäts- und systemtheoretische Analysen haben die Unmöglichkeit vollständiger Interdependenz vor Augen geführt. Das erfordert nun auch eine genauere, und speziell eine zeit- und attributionstheoretische Bestimmung des Begriffs der Wechselwirkung (wenn man ihn überhaupt beibehalten und ihn nicht durch kybernetische Schaltkreise ablösen will).

Von Wechselwirkung in einem Handlungssystem kann man

sprechen, wenn die Beteiligten einerseits Kausalität im Verhältnis der ablaufenden Handlungen unterstellen, zugleich aber Irreversibilität (und damit Zeit) suspendieren, also von einer prolongierten Gegenwart ausgehen, in der jede Handlung sich als anticipatory reaction auf die andere einläßt und nur so ihre Ursächlichkeit entfaltet. Wechselwirkung heißt dann zugleich: Aufhebung der Differenz von externaler und internaler Zurechnung vom Standpunkt sowohl des ego als auch des alter aus. Sie wird als eine Art Schwebezustand des »sounding out« benutzt, bis genügend Gemeinsamkeit geschaffen ist, daß die Beteiligten sich festlegen können.[30]

Dieser analytische Zugriff ist allerdings noch zu grob, um die real fungierenden Sensibilitäten und die Mikroprozesse der Prolongierung von Zeit und des Hinausschiebens von Irreversibilität wirklich erfassen zu können. Denn auch das Vorhalten der Gegenwart, das Darstellen des Vermeidens von Irreversibilität benutzt kleine Irreversibilitäten, um sich in der Zeit zur Geltung zu bringen. Es läuft nicht handlungslos, nicht sukzessionslos ab und nicht ohne Bezugnahme auf Nahvergangenheit und unmittelbare Zukunft. Man legt sich mit ausgedrückten Erwartungen eben auf diese Erwartungen fest, eine ausgestreckte Hand möchte ergriffen werden und kann das, wenn sie sich einmal hervorgewagt hat, nicht mehr gut leugnen. In der Makrozeit gibt es also noch diese Mikrozeit mit ebenfalls doppelter, punktueller und dauernder Gegenwart, und so weiter – je nach Bedarf. Das timing der kleinen Avancen und Zeichen kann dadurch erleichtert werden, daß sie in der großen Zeit reversibel bleiben bzw. vergessen werden, und daß ihr Erfolg zwar kumulativ viel bedeuten, aber ihr Mißerfolg wenig schaden kann.

V.

Auf der Grundlage dieser Überlegungen zum Problem von Reversibilität und Irreversibilität sowie zur Simultaneität zweier Gegenwarten lassen sich Ansatzpunkte für die Behandlung des Verhältnisses von Struktur und Prozeß erkennen. Es gehört zu den klassischen Vorurteilen der soziologischen Tradition, Struktur mit Statik und Prozeß mit Dynamik gleichzusetzen. Dagegen hat Parsons bereits eingewandt, daß man die Dichotomien Struktur/Prozeß und Stabilität/Wandel unterscheiden müsse und nicht kongruent setzen dürfe.[31] Aber damit ist noch nicht geklärt, wie das Verhältnis von Struktur und Prozeß zu begreifen ist, zumal auch Prozesse Strukturen aufweisen und Strukturänderung ein Aspekt langfristiger Prozesse sein kann. Zudem muß man fragen, welches Zeitverständnis den zwei Dichotomien zu Grunde liegt.

Bereichert man das lineare bzw. bewegungsorientierte Zeitkonzept um die Relation von jeweils zwei Gegenwarten, wird hier auch der Ausgangspunkt der Unterscheidung von Struktur und Prozeß erkennbar. Man gelangt zu Prozeßbegriffen, wenn man von punktualisierten Gegenwarten ausgeht und Irreversibilitäten im zeitlichen Nacheinander aufeinander bezieht. Prozesse sind, mit anderen Worten, Sequenzen irreversibel werdender Ereignisse. Sie sind dann und nur dann als Prozesse identifizierbar, wenn eine dauernde Gegenwart benutzt werden kann, um den Zeitzusammenhang der Ereignisse als irreversibel zu erfassen. Prozesse können dann nicht als gesetzmäßig notwendig, sie müssen als sich selbst bedingend, sich selbst ermöglichend, Vorphasen voraussetzend, aber als störbar, abbrechbar, umkehrbar begriffen werden. Sie führen im Irreversibelwerden des Verlaufs die Reversibilität laufend mit in dem Sinne, daß ein Angelegtsein auf weiteren Ablauf nicht besagt, daß dieser auch eintreten müsse. Im Abbruch seines Verlaufs ändert der Prozeß zugleich den Sinn des bisherigen Vollzugs – so wie der Tod das gesamte Leben neu bewertet.

Umgekehrt gelangt man zu Strukturvorstellungen, wenn man auf die dauernde Gegenwart blickt und die punktualisierte Gegenwart benutzt, um mitzudenken, daß sich an Strukturen etwas ändern kann. In ihrem primären Zeitaspekt garantiert die Struktur Reversibilität ihres Sinnes: jederzeitige Möglichkeit der Rückkehr zu ihm selbst, also Reaktualisierbarkeit. Dafür wird sie identifiziert. Die Vorstellung »Änderung von Strukturen« kommt hinzu, weil man die andere Gegenwart mitdenken muß. Sie setzt keinen Prozeßbegriff voraus. Man kann Strukturänderungen wahrnehmen, ohne sie im Rahmen einer geordneten Sequenz von Ereignissen zu erfassen. Die andere Gegenwart bleibt nicht außer acht, denn man kann die eine nicht ohne die andere erleben; aber sie wird zunächst in ihrer ursprünglichen Form einbezogen mit der Erfahrung, daß auch mit Strukturen etwas Irreversibles passieren kann.

Strukturen und Prozesse sind demnach in verschiedener Weise zeitabhängige Langfristidentifikationen. Sie hängen vom gleichen Zeitschema ab, von der gleichen Möglichkeit des Perspektivenwechsels. Das heißt aber nicht: daß alle Prozesse letztlich Strukturen »sind« oder alle Strukturen letztlich Prozesse. Man kann so formulieren. Aber damit ist dann nur ein offenes, unendliches Theorieprogramm bezeichnet, das den Anspruch erhebt, die eine Form in die andere zu überführen. Wichtiger ist es jedoch zu erkennen, daß die Doppelgegenwart uns eine solche Überanstrengung gerade erspart, indem sie die Möglichkeit bietet, mit differenten Perspektiven zugleich oder auch im Wechsel zu operieren.

Die Temporalität des Handlungssystems läßt sich deshalb mit der bloßen Metapher »Bewegung« (Fluß, Prozeß) und mit den einfachen Zeitmodi Zukunft/Gegenwart/Vergangenheit nicht zureichend erfassen. Und es geht auch nicht nur um die Wahl zwischen Zweckrationalität und Wertrationalität oder zwischen instrumental und consummatory states. Die These, Handlung sei nicht Prozeß, sondern Ereignis, hat uns den Zugang zu einer Mikrowelt der Handlungssequenzierung erschlossen, die zwar laufend Ereignisse irreversibel werden läßt, zugleich aber über die Zeithorizonte eines jeden Ereignisses, über doppelte Gegenwarten, über das Arrangieren von Kausalität und Gleichzeitigkeit und über die Wiederholung dieses gesamten semantischen Apparats in verschiedenen Größenlagen systemeigene Interdependenzen ermöglicht und reguliert, *ohne die Selektivität der Einzelhandlung aufzuheben*. Vielmehr wird die Selektivität des Handlungsereignisses gerade benutzt. Mit ihrer Hilfe baut sich das System auf. Sie wird als *Selektion irreversibel*, aber sie kann als *Selektivität kontinuieren*, indem sie sozusagen Kontingenz transportiert, nämlich der ausgewählten Handlung mitgibt, daß sie gewählt worden ist, obwohl sie nicht hätte gewählt werden müssen.

Mit einem durch Korzybski eingeführten Ausdruck könnte man diese Überwindung der bloßen Ereignishaftigkeit des Handelns auch als *Zeitbindung* bezeichnen.[32] Der Begriff bildet das Gegenstück zum Begriff der Antezipation. Er bezeichnet nicht die (symbolische) Aufnahme von Zukunft in die Gegenwart, sondern eine Disposition in der Gegenwart, die ermöglicht, daß sie *sowohl vergehen als auch kontinuieren kann*. Zeitbindung ist nicht einfach Liquiditätsverzicht und erst recht nicht irreversible Festlegung der Zukunft. Gebunden wird die Irreversibilität der Zeit in der Weise, daß sie anschlußfähig wird und dadurch Zukunft ermöglicht. Ihr unaufhaltsames Verschwinden wird nicht aufgehalten, es wird aber durch Selektion in die Form der Kontingenz gebracht, in der es sich halten und für die Zukunft etwas besagen kann.[33] Und gerade dazu eignet sich Handlung.

Einer der wichtigsten Zeitbindungseffekte ist: daß die pure Sukzessivität von Ereignisketten – eine nach der anderen – überwunden wird durch übergreifende oder durchkontinuierende Relevanzen. Eine Handlung findet nicht einfach in der Anschlußhandlung, die sie intendiert und auslöst, ihre Erfüllung und ihr Ende; sie kann auch für nächste und übernächste Schritte noch Bedeutung behalten und Schritt für Schritt neue Kombinationen zwischen Altem und Neuem stimulieren. So mag es für eine Freundschaft lange von Bedeutung bleiben, wer zuerst die Initiative zur Annäherung ergriffen hatte. Die Abfolge bleibt Abfolge, kann aber in jedem ihrer Schritte auf mehr zurück- bzw. vorgreifen als nur auf die unmittelbar anschließenden Ereignisse. Zusätzlich ist zu beachten, daß Ereignisse solche Zeitbindungseffekte in unterschiedlichem Maße besitzen und daß dies auch von den Folgeereignissen abhängen kann. In einer Melodie können Einzeltöne für eine lange Folgeentwicklung bedeutsam bleiben, andere verlieren ihre Bedeutung schon mit dem nächsten Ton. All dies ist nur möglich, weil aus Ereignissequenzen, die von Moment zu Moment irreversibel werden, Ausgewähltes in die zweite, die begrenzt dauernde Gegenwart überführt werden kann.

Der Zeitbindungseffekt läßt sich steigern und präzisieren, wenn über Handlung entschieden bzw. Handlung als Entscheidung veranstaltet wird. Entscheidung ist Wahl zwischen Alternativen. Dabei wird eine Klärung des relationalen Gefüges erwartet, unterstellt und zum Teil auch vollzogen, in dem die gewählte Handlung eine Alternative ist; tradierfähig wird nicht nur die Handlung selbst, sondern auch ihr Kontrast zu Alternativen, gegen die entschieden wurde;[34] und Zukunft kann dann auch an die Präferenzrelation als solche, an die Wertung angeschlossen werden. Man wird in späterer Zeit nicht nur auf die Handlung selbst, sondern auch auf ihre Wertungsgrundlage zurückgreifen können. Aber wie ist solche Bindung möglich? Bindung durch ein Ereignis, das selbst vergeht?

Parsons hatte am Anfang seiner Theorieentwicklung an Durkheim gelernt, daß eine bereits institutionalisierte Gesellschaftsordnung vorausgesetzt werden müsse, die solche Bindungswirkungen erzeuge, ja eigentlich als bindender Bewußtseinsinhalt bestehe. Man denke an die berühmte Analyse der nichtvertraglichen Grundlagen des Vertrages.[35] Aber ein Verweis auf Vorauszusetzendes verschiebt letztlich nur die Erklärungslast. Erst die anschließende Entwicklung einer Theorie symbolisch generalisierter Tauschmedien führt einen wesentlichen Schritt weiter.[36] Diese Theorie wird am Fall von Geld, und für unsere Zwecke vielleicht ebensogut am Fall von Macht exemplifiziert. Handlungen sind hier Ausgabeentscheidungen, die in der Sprache des Mediums artikuliert werden. Sie haben als Ereignis einen Doppeleffekt: Einerseits binden sie den Abgebenden und den Empfänger insofern, als sie Verwendungs- und Transferentscheidungen sind. Verausgabtes Geld kann nicht nochmals ausgegeben, eine auf Macht basierte Entscheidung kann nicht mehr anders getroffen werden, sie hat ihre Alternativen ebenfalls »verausgabt«. Das könnte, etwas erweitert, der Begriff der kollektiven Bindung durch Entscheidung bezeichnen. Andererseits wird eben durch diese Bindung der Transfer ermöglicht und dadurch im Empfänger Kapazität aufgebaut. Er kann nun seinerseits Geld ausgeben bzw. die machtgedeckte Position, das »narrowing of choice«, als Sicherheitsgrundlage verwenden. So organisieren die Medien Stabilität und Zirkulation zugleich. Vielleicht kann man sagen: sie überführen eine primäre Handlungsungewißheit in zirkulierender Bindung.

Das ist sicher eines der interessantesten Theorieangebote zu unserem Thema. Es fällt aber auf, daß die Rückverankerung im Begriff des Handelns nicht ausgearbeitet ist.[37] Die Kritik hat den Begriff der Zirkulation nicht verstanden bzw. seine Generalisierbarkeit bestritten.[38] Und vor allem ist nicht ersichtlich, welche Temporalstrukturen vorausgesetzt sind; denn offensichtlich kann dieses Konzept sich nicht mehr mit einem Begriff von Zeit begnügen, der Zeit an der Einzelhandlung als Distanz von Zweck und Mittel mißt.

Wir werden also zunächst auf eine erneute Analyse von Handlung zurückgeleitet, und meine Vermutung ist, daß hier zunächst die Probleme der Selbstreferenz des Handelns und ihre klassische Verortung im Subjekt geklärt werden müssen.

## VI.

Es lohnt sich, das Problem der Selbstreferenz des Handelns zunächst in einer Fassung zu betrachten, die der Subjekt-Emphase vorausgeht; denn möglicherweise ist der Begriff des Subjekts schon ein Ausweg für ein nicht ausreichend analysiertes Problem.

Man könnte ein moraltheoretisches Problem, das hauptsächlich im 17. und 18. Jahrhundert diskutiert worden ist, etwas zugespitzt wie folgt formulieren: *Die Handlung darf nicht durch ihr Motiv motiviert werden.* Bei Madeleine de Scuderi heißt es zum Beispiel, daß großartiges Handeln und Tugend notwendig (!) plaisir einbrächten; aber das sei nur ein Effekt, der nicht zum Motiv werden dürfe.[39] Das hat nichts mit der späteren Anrüchigkeit von plaisir zu tun; dasselbe Argument *muß* in *jeder* Moraltheorie auftauchen, zum Beispiel auch, wenn soziale Achtung als Erfolg und als verbotenes Motiv moralischen Handelns angesehen wird.[40] Die Selbstreferenz des Handelns muß also blockiert werden. Aber wie ist das zu erreichen?

Im wesentlichen werden zwei Auswege diskutiert, ein sozialpsychologischer und ein moralistischer. Der eine besteht darin, daß man die Probleme der Selbstreferenz in der Unerforschlichkeit des Selbst und des Anderen verschwinden läßt und sie im sozialen Verkehr ignoriert. Das heißt: sich mit vorgetäuschten Motiven begnügen.[41] Der andere, besonders im 18. Jahrhundert bei zunehmender Kritik der höfisch-galanten Lebensführung bevorzugte Ausweg bestand in einer Duplikation des moraltheoretischen Instrumentariums: in einer Anwendung moralischer Unterscheidungen auf das Prinzip, das das moralische Handeln doch erst in Gang bringen sollte, zum Beispiel die Unterscheidung von falschem und wahrem Streben nach plaisir bzw. Achtung.[42] Das ersparte zunächst eine systematische Unterscheidung von Motiv und Zweck, blieb aber der zunehmend beunruhigenden Rückfrage ausgesetzt, wie man denn wahre und falsche, eigentliche und uneigentliche, gute und schlechte Motive unterscheiden könne.

Im 19. Jahrhundert hat diese Diskussionslage sich erneut grundlegend gewandelt, zum Teil als Folge der Anthropologisierung des Subjekts. Die Selbstreferenz wird aus der Handlung ins Subjekt überführt (beziehungsweise: Das selbstreferentielle Handeln ist die Konstitution des Subjekts). Das Subjekt darf, ja soll sich nun selbst motivieren. Nur seinen Zwecken muß gegebenenfalls mißtraut werden. Zwecke sind dann sozusagen Unterbrechungen der Selbstreferenz im Handlungskreis des Subjekts, Externalisierungen, die eine Art von Rationalitätskontrolle ermöglichen, aber damit nicht schon die Selbstverwirklichung des Subjekts garantieren.

Die Trennung von Motiv und Zweck verändert die Bedingungen für, und die Formen von Aufklärung. Es entstehen auf verschiedenen Aggregationsebenen psychologische und soziologische Theorien, die sich diese Differenz zunutze machen, – sei es, um den Zielen der historischen und sozialen Bewegungen Bewußtseinsformen und Motive nachzuliefern; sei es, um zu entlarven, wie wenig vorgegebene Zwecke mit Motiven übereinstimmen.[43] Und erst in einer (wie immer unzulänglichen) Reaktion auf Enttäuschungen mit diesem Konzept fällt die Soziologie dieses Jahrhunderts auf Handlungstheorie zurück – allerdings ohne die Geschichte des Selbstreferenzproblems wieder aufzugreifen. Der Zugang bleibt durch den Begriff des Subjekts verstopft.

Als Max Weber sich an Heinrich Rickert orientierte, um handlungsnahen Begriffen wie Wert, Zweck und Mittel jene hohe theoretische Relevanz zu geben, und selbst eine Generation später, als Talcott Parsons The Structure of Social Action konzipierte, konnte man davon ausgehen, daß Selbstreferenz eine Qualität oder eine Fähigkeit des Subjekts sei – jenes reflexionsbegabten Ich, das sich in all seinem Erleben und Handeln immer auch auf sich selbst bezieht und aus der Selbstbeziehung heraus entscheidet. Damit war – bei aller Bemühung um theoretische Eigenständigkeit der Soziologie in Abgrenzung gegen psychologische oder ökonomische oder sozialphilosophische Reduktionen – eine fundamentale, teils erkenntnistheoretische, teils anthropologische Vorprägung beibehalten. Aber das Subjekt war, anders als Max Weber angenommen hatte, als moralische Größe nicht zu neutralisieren. Insbesonders das letzte Jahrzehnt gibt Anlaß zu der Frage: muß Selbstreferenz Moral und speziell eine subjektive Anspruchsmoral regenerieren?

Inzwischen hat sich die Szenerie jedoch abermals verändert mit der Folge, daß das Subjekt nicht mehr allein steht mit dem Anspruch, Selbstreferenz zu repräsentieren. Selbstreferenz ist nicht länger nur ein Privileg des erkennenden Subjekts (oder: der erkennenden Subjekte). Biologische, psychologische und soziologische Forschungen und neuerdings kybernetische Modellierversuche machen es unausweichlich, zuzugestehen, daß auch die Objektwelt selbstreferentielle Strukturen aufweist.[44] Die Erkenntnis scheint sich durchzusetzen, daß die Systemtheorie es weitestgehend mit selbstreferentiellen Systemen zu tun hat. Jedenfalls verfügen alle Handlungssysteme psychischer und sozialer Integration über Selbstreferenz, und zwar in einem so fundamentalen Sinne, daß ihre einzelnen Elemente (Handlungen) überhaupt nur im Selbstkontakt, das heißt in selektiver Bezugnahme auf andere Handlungen desselben Systems, konstituiert werden können. Man kann dann nicht mehr davon ausgehen, daß eine Art Substrat schon vorhanden ist, auf das selbstreferentielle Prozesse sich nur beziehen, und es handelt sich bei Selbstreferenz auch nicht nur um eine Art von Eigenschaften, Fähigkeiten oder Prozessen neben anderen, sondern um die basale Struktur, die das System auf einem Elemente aggregierenden Emergenzniveau überhaupt erst konstituiert. Man muß, in anderen Worten, die *Subjektität der Selbstreferenz* als *Struktur der Objektwelt* begreifen. Aber wie ist sie möglich?

Bereits Fichte hatte, vor allem in der Ersten und der Zweiten Einleitung in die Wissenschaftslehre,[45] diesen Frageweg beschritten. Er hatte versucht, jede Zurechnung auf ein Sein zu vermeiden und den Aufbau der Bewußtseinsphilosophie mit dem Begriff des selbstreferentiellen Handelns zu beginnen. Die bloße Selbstreferenz des Handelns ist noch kein Begreifen, ist nicht einmal Bewußtsein; aber sie ist jene Unmittelbarkeit, die der »intellektuellen Anschauung« zugänglich ist und ihr sich selbst als Ich gibt. So werden (!) »Ich und in sich zurückkehrendes Handeln völlig identische Begriffe«.[46] Aber was ist diese intellektuelle Anschauung, die dem in sich zurückkehrenden Handeln mehr entnehmen kann, als es für sich selbst ist; die es als Ich identifiziert? Fichte verweist ohne zureichende begriffliche Ausarbeitung nur auf das Faktum der für jedermann zugänglichen Erfahrung. Kants Kritik hatte keine Alternative zu bieten.[47] Sie ließ nur den Weg zu einer ontologisch resignierenden Erkenntnistheorie offen. Aber muß das Problem als Frage nach Erkenntnismöglichkeiten gestellt werden? Und ist es angebracht, die Lösung in der Form der Postulierung eines Erkenntnisvermögens zu geben – oder zu verschleiern.

Die intellektuelle Anschauung kann und muß jederzeit tätig

sein. Sie ist imstande, »bisherige Erfahrung« begriffsbildend zu extrapolieren.[48] Sie bringt in der Anschauung des Aktes, der in sich selbst zurückkehrt und sich damit beendet, offenbar eine weiterreichende Zeitlichkeit mit, die sich nicht im Ereignis selbst erschöpft. Könnte, ganz abgesehen von allen Problemen der Erkennbarkeit und ihrer Absicherung, diese Zeitdifferenz selbst der Schlüssel zum Problem sein?

## VII.

Die Probleme der Zeitbindung und der Selbstreferenz konvergieren an dieser Stelle. Ist es möglich, in Fortführung der vorausgegangenen Analysen von Temporalstrukturen der Handlungssysteme eine zusammenfassende Antwort zu finden?

Wir hatten oben unter IV. bereits den chronologisch vereinheitlichten (idealisierten) Begriff der Zeit aufgebrochen und im Hinblick auf die Produktion von Irreversibilität zwei jeweils simultane Zeiten und damit zwei Gegenwarten unterschieden: die momenthafte Gegenwart, die benutzt wird, wenn etwas als irreversibel zu markieren ist, und die andauernde Gegenwart, die benutzt wird, um das Irreversibelwerden aufzuhalten. Die Zeitpunkt-Chronologie markiert das Jederzeit-mögliche-Irreversibelwerden; aber zugleich kann die Zeit in ihrem Gegenwartsmodus auch gedehnt werden, so daß man in dieser andauernden Gegenwart auf Geschehendes zurückkommen, Stellungnahmen in der Schwebe halten, Entscheidungen vorbereiten kann.

Es ist wichtig, daß wir in beiden Fällen von *Gegenwart* sprechen und nicht, von einer Gegenwart ausgehend, die andere als Zukunft bzw. Vergangenheit ansehen. Natürlich hat jede Gegenwart die zu ihr gehörige Zukunft und Vergangenheit, sie wäre sonst keine Gegenwart in einem spezifisch zeitlichen Sinne. In allem Gegenwärtigen werden die Zeithorizonte stets miterlebt. Aber die Beziehung der kurzen zur langen, der minimierten zur andauernden Gegenwart ist vor aller Bestimmung von Zeithorizonten gegeben und ermöglicht diese erst. Sie ist die Erfahrung des Wechsels, aufgelöst in eine Relation, und zwar zunächst und unmittelbar nicht in die Relation von Vorher und Nachher, sondern in die Relation von Diskontinuität und Kontinuität. Die Duplikation der Gegenwart bringt für die *momenthafte* Gegenwart deren

Zukunft bzw. Vergangenheit zur Erfahrung. Man kann von der dauernden Gegenwart aus einen Zeitpunkt anpeilen, an dem sich etwas ändert, obwohl die andere Gegenwart andauert. Am Augenblick, am Ereignis werden *dessen* Vergangenheit und Zukunft sichtbar in einer Gegenwart, die noch läuft. Und erst diese Erfahrung einer Zukunft bzw. Vergangenheit dessen, was unwiederholbar vergeht, macht es möglich, auch eine Fernzukunft und eine Fernvergangenheit der *dauernden* Gegenwart hinzuzuprojizieren, die jeweils dort beginnen bzw. enden, wo unaufhaltbare Irreversibilität einsetzt. Die Duplikation der Gegenwart ermöglicht es somit, entlang der bereits dauernden und weiter dauernden Gegenwart die Vergangenheit bzw. Zukunft der Momente zu erfahren, und daraufhin kann bei Bedarf auch die dauernde Gegenwart durch Projektion fernerer Zeithorizonte ihrerseits verzeitlicht werden. Die beigefügte Skizze soll dies als Grundstruktur der Konstitution von Zeitlichkeit verdeutlichen.[49]

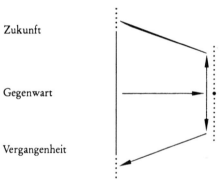

Erst im Zusammenspiel dieser beiden Gegenwarten ergibt sich, was ein Moment und was Dauer sein kann. Für das Momentwerden des Momentes ist eine umfassendere Gegenwart erforderlich, die es ihm erlaubt, zu vergehen. Die Gegenwart des Ereignisses versinkt in der Gegenwart der Dauer. Andererseits ist die Dauergegenwart keineswegs ein bloßes Fortbestehen des Festen, Festgelegten, Bestimmten. Im Gegenteil: Ihr Dauern erfordert Unterbestimmtheit, Offenheit, Reversibilität; denn was irreversibel bestimmt ist, ist eben damit schon nicht mehr gegenwärtig. Insofern ist ein Dauern von Gegenwart nur dadurch möglich, daß die Momente sich ereignen und vergehen und an Realität nur die

Differenz ihrer Zukunft und ihrer Vergangenheit hinterlassen.[50] Die Zeithorizonte der Ereignisse, die nur dank einer dauernden Gegenwart möglich sind, halten diese ihrerseits in einer fürs Dauern hinreichende Unbestimmtheit. Dem entspricht als Erfahrungsinhalt das sich ständige Regenerieren von Sinn.

Die Gegenwarten konstituieren sich also wechselseitig dadurch, daß sie sich trennen. Darüber, wie dies geschieht, können Handlungssysteme in gewissem Umfange verfügen. So braucht zum Beispiel das Ende einer Interaktion nicht unbedingt die Gegenwart überhaupt zu beenden; man lernt, sie über ein Ende, einen Abschied hinweg zu kontinuieren.[51] Das Ende wird symbolisch so aufgeladen, daß man an einer Vergewisserung des Dauerns ablesen kann, daß es eine Zukunft geben wird.[52] Das bedeutet zugleich, daß über die beginnenden und endenden Interaktionssysteme hinaus Gesellschaft konstituiert und gegenwärtig wird.

Mit Hilfe dieser Annahmen über Zeit konstituierende, Gegenwart verzeitlichende Strukturen läßt sich plausibel machen, daß Zeitbindung und Selbstreferenz beide durch Doppelung der Gegenwart bedingt und insofern in eine gemeinsame Voraussetzung eingelassen sind. Es liegt nahe, wäre aber falsch, Zeitbindung exklusiv auf die Zukunft, Selbstreferenz exklusiv auf die Vergangenheit zu beziehen; denn beide Zeithorizonte wirken notwendigerweise zusammen, um der Gegenwart einen Zeitsinn zu geben. Die Unterscheidung bezieht sich vielmehr darauf, ob das System sich selbst oder sich in seiner Beziehung zur Umwelt apperzipiert.[53]

In beiden Fällen geht es um das Einarbeiten von Handlungsereignissen in die dauernde Gegenwart mit der Folge, daß sich aus der Irreversibilität des Ereignisses wieder offengehaltene Sinnlagen ergeben. Das »Ich«, das alle Bewußtseinsakte begleitet, ist ein »Ich kann auch anders«; das System, das seinen Bestand sichert, löst ein unlösbares, ein nur vorläufig lösbares Problem. Das Handeln bringt in das, was dauert, eine Differenz von Vergangenheit und Zukunft ein, und das Kontinuieren dieser Differenz sichert die Kontingenz dessen, was als Gegenwart dauert: Weil man gehandelt hat, kann man auch anders handeln und kann dieses Vermögen perpetuieren.

Mit Akten der Selbstreferenz und speziell der Reflexion bezieht sich das System also nicht auf Minimalstrukturen, die als solche im Strome akzidenteller Veränderungen feststehen. Reflexion ist nicht eine Vergewisserung dessen, was man ist. Die Reflexion *extendiert* vielmehr als Akt, der irreversibel wird, die *Gegenwart, die als noch reversibel behandelt werden kann*. Das System orientiert sich an seiner Identität, und das heißt: daran, daß es *über sich selbst noch disponieren kann*. In diesem Sinne war es berechtigt zu sagen: Im Akte der Reflexion (der in der einen Gegenwart vergeht) aktualisiere sich (in der anderen Gegenwart) Freiheit.

Zeitbindung ist demnach durchaus nicht Festlegung der Zukunft, und Reflexion ist nicht etwa geraffte Erinnerung und erst recht nicht Zurückwendung in eine ja gar nicht mehr zugängliche vergangene Gegenwart. Vielmehr geht es in beiden Hinsichten um Verzeitlichung der Gegenwart und insofern um Vergegenwärtigung von Vergangenheit und Zukunft. Erst auf einer so komplex gebauten Zeitstruktur kann das Handeln anderes Handeln finden, auf das es sich bezieht, kann es Selbstreferenz und Fremdreferenzen differenzieren und synchronisieren. Und erst so ist Zurechnung des Handelns möglich.

## VIII.

Die viel diskutierten Transformationen des Zeitbewußtseins, die die Entwicklung der neuzeitlichen Gesellschaft begleiten, könnten eine Möglichkeit bieten, die vorstehenden Thesen einem historisch-empirischen Test zu unterwerfen. Gesellschaftssysteme sind Handlungssysteme. Für sie müßte daher gelten, daß ihre Temporalstrukturen variieren mit der Art und Weise, wie doppelte Gegenwart konstituiert und Handeln auf diese Relation der Gegenwarten bezogen wird.

Was immer die Anstöße zu einer Transformation des neuzeitlichen Zeitbewußtseins gegeben hat:[54] Der Prozeß müßte innerhalb der Zeitsemantik, wenn man dem oben skizzierten Modell folgt, mit einem Schrumpfen der Gegenwart auf einen Zeitpunkt beginnen und mit einer Temporalisierung der gerade dauernden historischen Gegenwart und schließlich mit einer Historisierung der Gesamtzeit enden. Genau dies scheint nun in der Tat die Entwicklung vom letzten Drittel des 16. bis zum letzten Drittel des 18. Jahrhunderts zu charakterisieren. Die überlieferte Zweiteilung (bzw. Dreiteilung) der Gegenwart in aeternitas (aevum) und tempus, in der die (ewig) dauernde Gegenwart noch ohne eigene Zukunft und Vergangenheit gesehen und den wechselnden irdischen Ereigniszeiten gegenübergestellt wurde[55], tritt zurück. Die Ewigkeit hatte der Zeit, die lange der kurzen Gegenwart eine Art zeitlose Sinngarantie gegeben. Die Perfektionsform der Zeit war selbst zeitlos gedacht und die Zeit daher in Raumform zur Anschauung gebracht worden.[56] Diese Semantik verliert jedoch im auslaufenden Mittelalter mehr und mehr ihre Beziehung zu dem, was in der Gesellschaft, zum Beispiel in der Wirtschaft oder in den Ereignissen an den Fürstenhöfen, als Zeit fungiert. Insbesondere der Vermittlungsbegriff des aevum fällt einer zunehmenden Radikalisierung des Zeitproblems zum Opfer; er wird sozusagen subjektiviert, wird in die Form der Unruhe, Angst, Langeweile gebracht. Die bereits temporalisierte Gegenwart schrumpft und verliert schließlich ihren Realitätsgehalt. »On peut dire en effet«, meint gegen Ende des 17. Jahrhunderts Jacques Abbadie, »que le néant environne l'homme de tous côtés. Par le passé il n'est plus, par l'avenir il n'est pas encore, et par le present en partie il est et en partie il n'est point.[57]

Der Moment, das Ereignis, die Handlung verlieren damit ihren Halt in der Zeit. Sie können nicht mehr als simultan zu einer zeitlos dahinexistierenden Ewigkeit begriffen werden, sondern reduzieren sich auf den Wechsel als solchen. Im Ewigkeitsbegriff war denn auch weniger das bloße endlose Dauern als gerade die Simultaneität in Relation zu allen Zeiten, also das Fungieren als Gegenwart die Kernaussage gewesen.[58] Das entfällt. Die Zeit muß vom Moment aus rekonstruiert werden und sich sozusagen eine neue Simultangegenwart zulegen.

Überwiegend versucht man zunächst, klassische Mittel der Antike zu reapplizieren – die Unruhe im Menschen erneut durch die stoischen Mittel der Selbstberuhigung und der zeitextensiven prudentia zu bekämpfen[59] oder die Unruhe im Staat durch gemischte Verfassungen[60] oder dann durch Stärkung der Zentralgewalt. Für die Unruhe und Dauergefährdung im Leben bei Hofe werden Maßhalten und Bescheidenheit empfohlen.[61] Auch sonst wird die fehlende Beständigkeit mehr in den Regeln und Maximen als in der Zeit selbst gesucht. Es finden sich auch schon rein zeitbezogene Analysen, vor allem im Anschluß an Augustin, die aber wiederum nur die Ausgriffe auf Zukunft und Vergangenheit als Beständigkeitskoeffizienz betonen.[62] Zugleich entwickelt sich die Chronologie, die Messung der Sukzession der Augenblicke, zur eigentlichen »science de temps«[63] unter Ablösung von der kosmisch-astronomischen Zeit und unter Verzicht darauf, die Bewegung von Augenblick zu Augenblick und die Kontinuität in der Diskontinuität der Zeit verständlich zu machen. Der Ausgangspunkt aller Zeitlichkeit, der Augenblick, wird durch die Uhr stabilisiert. (Im Hintergrund mag dann noch eine creatio continua dafür sorgen, daß die Welt von Moment zu Moment identisch bleibt; es muß aber vorausgesetzt werden, daß sie nicht in die Realität durchgreift, sondern sich darauf beschränkt, jenes Zeitdefizit zu kompensieren.)[64] Entlang der Chronologie setzt sich gegen konkurrierende (wohl nie: ausschließlich dominierende) zyklische Zeitvorstellungen schließlich das lineare Zeitverständnis durch.[65] Auf der Zeitlinie können zunehmende, im Prinzip beliebige Differenzen zwischen Vergangenheit und Zukunft abgetragen werden. Das Temporalbewußtsein kann sich für eine noch unbestimmte, möglichkeitsreiche Zukunft öffnen.

All das kann man rückblickend lesen als Vorbereitung einer »neuen Zeit«, das heißt neuer Temporalstrukturen für eine neue Gesellschaftsformation. Aber die punktualisierte Gegenwart ist, auch als Reihe wiederholt, noch nicht eigentlich Zeit. Sie läßt jedoch Zukunft und Vergangenheit zusammenrücken, läßt sie in den status präsentarius eindringen – und dies nicht mehr nur als Ausstaffierung der prudentia mit Informationen und Orientierungen, sondern als zu bewirkende Differenz. Von da aus muß sich, wenn Zeit zwangsläufig eine Doppelung der Gegenwart voraussetzt, die Suche nach jener anderen Gegenwart, die den Moment überdauert, neu formieren. Das Resultat ist die Historisierung der dauernden Gegenwart, schließlich die Historisierung der Zeit selbst.

Bereits im 16. Jahrhundert finden sich Ansatzpunkte für eine solche Umbildung. Sobald formuliert ist – etwa in den Viten des Vasari (1550) –, daß bestenfalls die Leistungen der Antike als das Vollkommene wiedererreicht werden können: sobald dies formuliert ist, läßt sich auch das Gegenteil sagen: »ne pensons pas que la nature leur (den Alten) ait ottroyé toutes les graces à fin de demeurer sterile à l'advenir«.[66] Louis Le Roy spricht bereits von temps present[67] in einem historischen Sinne. Er denkt die Welt noch mittezentriert unter dem perfekt gerundeten Himmel, denkt die Zeit noch als mit dem Himmel geschaffen, denkt die Ereignisse noch zyklisch geordnet, bezieht sich auf das Konzept des sich selbst konsumierenden Universums – und hält zugleich Sukzession für das Prinzip der Entwicklung,[68] denkt Geschichte als Akkumulation und spricht seinem Jahrhundert im großangelegten interkulturellen und intertemporalen Vergleich die besten zivilisatorischen Aussichten zu.

In dieser Gemengelage ist noch kein Prinzip erkennbar. Erst zweihundert Jahre später sind die Plausibilitätsgrundlagen beisammen für eine Historisierung der Zeit selbst. Der neue Gedanke steht bei Herder zunächst nicht theoretisch, sondern nur in Metaphern zur Verfügung. Der alsbald beliebte Zeitgeist ist eine von ihnen; aber man kann und wird von da ab Ordnung in einem neuen Sinne als Evolution denken und Gegenwarten jeder Länge mit einer Vergangenheit und Aussichten auf Zukunft versehen können. Es ist nicht genau genug erforscht, was diese Umstellung konkret ausgelöst hat. Die immer wieder zitierte »Temporalisierung der series rerum«[69] bedarf selbst der Erklärung. Einer der Anstöße könnte im Problematischwerden der Sukzession als einer aus Teilen (Momenten) bestehenden (?) Ganzheit (?) gelegen haben.[70] Vielleicht gibt es aber auch kein die Zeitsemantik allein problemgeschichtlich fortbewegendes Einzelmotiv. Jedenfalls genügt uns das Resultat als Beleg für unsere These: daß die Punktualisierung und die damit verbundene Temporalisierung der Gegenwart zur Neuformierung, zur Verzeitlichung der vordem nur unter Raum- und Bewegungsmetaphern begriffenen Zeit zwingt.

Nur die Gesellschaft ist ein in bezug auf sinnförmige Temporalstrukturen »souveränes« Handlungssystem. Nur an ihr kann man Theorien mit der hier skizzierten Tragweite wirklich verifizieren. Alle anderen psychischen und sozialen Systeme importieren ein in ihrer sozialen Umwelt schon fundiertes Verständnis von Zeit. Der ihnen noch belassene Spielraum bedürfte jeweils besonderer Klärung. Hier treten denn auch Zusatzprobleme genetischer und sozialisatorischer Art hinzu, auf die hier nur hingewiesen werden kann. Auch für sie müßte aber, wenn das Grundkonzept richtig ist, immer gelten, daß zunächst die Gegenwart dupliziert werden muß – etwa im Kontrast der eigenen Impulse zur sie überdauernden Gestimmtheit der Umwelt –, bevor ein Handlungssystem beginnen kann, sich Zeit zu integrieren.

## IX.

Könnten die hier angestellten Überlegungen zur Verknüpfung von Handlung, Zeit und System in der Theorie des allgemeinen Handlungssystems von Talcott Parsons untergebracht werden? Und wenn, wo?

Bei Parsons laufen die theoriebautechnischen Überlegungen sehr rasch auf eine Kreuztabellierung zu, die es ermöglicht, die Ergebnisse der Analyse der Minimalkomponenten von Handlung für eine Typenbildung und eine Theorie der Systemdifferenzierung auszunutzen. Damit und für diesen spezifischen Zweck werden die analytischen Möglichkeiten, die sich in allgemeineren Begriffslagen ergeben, jedoch nicht vollständig genutzt. Die Randvariablen der Kreuztabelle sind für die weitere Theoriearbeit zu wenig informativ. Die Folge ist, daß ein Teil der Argumentations- und Begründungslast auf Sachbereiche abgewälzt werden muß, die innerhalb der Theorie nur Teilphänomene sein können. Die von Jürgen Habermas (in diesem Bande) aufgegriffene Modellfunktion des Geldes innerhalb der Theorie symbolisch generalisierter Tauschmedien ist ein solcher Fall; die von Wolfgang Schluchter (in diesem Bande) behandelte Stellung der Kultur als oberster Instanz einer Kontrollhierarchie ist ein anderes Beispiel. Sicher: Parsons vermeidet sorgfältig eine Überschätzung solcher Sonderpositionen – etwa im Sinne einer Behauptung überrollender *kausaler* Relevanz des Teilphänomens. Gleichwohl bleibt die Frage, wie die Sonderstellung von Geld bzw. Kultur innerhalb des Theoriearrangements von Parsons gerechtfertigt werden kann, wenn man davon auszugehen hat, daß die Erfüllung aller vier Funktionen (bzw. die Institutionalisierung und Internalisierung aller vier Funktionssysteme) *gleichermaßen notwendig ist zum Zustandekommen von Handlung schlechthin.*

Die weitere Entwicklung einer Theorie von Handlungssystemen wird die Grundlagenebene stärker in Anspruch nehmen und stärker ausbauen müssen. Nur so können Themen, die in der europäischen Tradition zu diesem Problemkreis gehört haben, angeschlossen und mitverarbeitet werden. Das gilt für die neuerdings auch in der Systemtheorie aktuellen Probleme der Selbstreferenz bzw. der Reflexion. Das gilt vielleicht für das, was man unter Rationalität zu verstehen hat. Und das gilt für die in allen Handlungssystemen konstituierte besondere Form von Zeitlichkeit.

Eine Auffangsposition für Theorieansprüche dieser Art könnte im Sinnbegriff bereitgestellt werden. Parsons müßte, weil er Handlung auf Sinnhaftes hin dekomponiert, die Frage »Wie ist Handlung möglich?« von der Frage »Wie ist Sinn möglich?« unterscheiden können. Dies gilt um so mehr, als in seinem Handlungsbegriff das Moment der »symbolischen Generalisierung« eine tragende Rolle spielt – zunehmend bedeutsam gegenüber dem Weberschen Konzept der sinnhaften »Intention«. Hier sind derzeit viele Fragen offen. Man wird zum Beispiel Handlung nur entweder über Intention oder über Generalisierung definieren können. Im letzteren Falle müßte man dann Intention als Respezifikation einer Generalisierung begreifen. Das wiederum würde einen Rationalitätsbegriff nahelegen, der weder durch Erfüllung einer im Subjekt angelegten Möglichkeit (Vernunft) noch durch Erreichen eines Zustandes (Zielerreichen) definiert ist, sondern mit Bezug auf die Beziehung von Generalisierung und Respezifikation. Damit entfiele auch die Grundlage für eine Zeitkonzeption, die vom Zweck/Mittel-Schema ausgeht und die Relevanz der Zeit für Handlungssysteme dadurch limitiert.

Eine Ausarbeitung dieser Grundlagenprobleme innerhalb der allgemeinen Theorie des Handlungssystems müßte allerdings vor die Frage führen, wie viel davon dann in das Vier-Funktionen-Schema eingegeben werden kann. Darüber läßt sich hier nicht vorentscheiden. Jedenfalls ist es im Theorieprogramm von Parsons nicht zwingend angelegt, daß die Ausarbeitung der Theorie allein und ausschließlich über die Kreuztabelle läuft. Die Grundentscheidung, mit einer Analyse des Begriffs von Handlung zu beginnen, hat ihre eigenen Probleme. Wenn man dabei bleibt (und zum Beispiel nicht mit »System« beginnt), könnte es sich empfehlen, das Theorieprogramm über die Kreuztabelle hinaus zu erweitern und diese nur noch als einen Bereich unter anderen mitzuführen.

*Anmerkungen*

1 Die wohl bekannteste Version dieser These ist Jean Piaget, Die Bildung des Zeitbegriffs beim Kinde, dt. Übersetzung, Zürich 1955.
2 Zyklische Zeitauffassungen mußten statt Kraftaufwand Zeitaufwand sagen und hatten ihr Äquivalent für Irreversibilität in der Notwendigkeit, zu warten bzw. den ganzen Zyklus zu durchlaufen.

3 Vgl. z. B. J. T. Fraser (Hrsg.), The Voices of Time, London 1968, S. 277 ff.; Colin S. Pittendrigh, On Temporal Organization in Living Systems, In: Henri Yaker et al. (Hrsg.), The Future of Time: Man's Temporal Environment, Garden City N. Y. 1971, S. 179-218.
4 Auf das Verhältnis von Zeit und Selbstreferenz kommen wir unter VII. nochmals ausführlicher zurück.
5 Vgl. hierzu Jerome S. Bruner/Jaqueline J. Goodnow/George A. Austin, A Study of Thinking, New York 1956.
6 Das ist heute in der empirischen Forschung anerkannt, und zwar auf der Ebene kulturhistorischer Forschungen ebenso wie in der Psychologie, für Gesellschaftssysteme also ebenso wie für Personsysteme. Vgl. etwa Bernard S. Gorman/Alden E. Wessman, Images, Values, and Concepts of Time in Psychological Research, in dies. (Hrsg.), The Personal Experience of Time, New York 1977, S. 217-263 (234 ff.).
7 Vgl. etwa G. J. Whitrow, The Nature of Time, London 1972, Neudruck Harmondsworth 1975, S. 11 ff.; Joseph Needham, Time and Knowledge in China and the West, in: J. T. Fraser (Hrsg.), The Voices of Time, London 1968, S. 92-135 (98 ff.; 132 f.).
8 Siehe das Zitat, das Parsons seinem Hauptwerk The Structure of Social Action, New York 1937, als Motto vorangestellt hat.
9 A. a. O. S. 45 Anm. 1.
10 Vgl. für einen Überblick, der vor allem die Diskussionen im 16. und 17. Jahrhundert behandelt, Anthony Levi, French Moralists: The Theory of the Passions 1585-1649, insb. S. 12 f., 18 ff., 88 f., 106 f., 146.
11 Eine Kritik unter zeittheoretischen Gesichtspunkten findet sich bereits bei Christian Thomasius, Von der Artzney Wider die unvernünfftige Liebe ... oder: Ausübung der Sitten Lehre, Halle 1696, insb. S. 88 ff. Alle Affekte seien als Bewegung auf die Zukunft gerichtet. Schmerz und Lust seien also keine Affekte, sondern seien (als binärer Schematismus?) stets auf die Gegenwart bezogen, was vergegenwärtigte Vergangenheit bzw. vergegenwärtigte Zukunft einschließe. Eben deshalb könne man an vergangenem Leid Lust empfinden.
12 Vgl. Talcott Parsons, Some Problems of General Theory in Sociology, in: John C. McKinney/Edward A. Tiryakian (Hrsg.), Theoretical Sociology: Perspectives and Developments, New York 1970, S. 27-68 (30 f.).
13 Vgl. hierzu auch Niklas Luhmann, Zeit und Handlung: Eine vergessene Theorie, Zeitschrift für Soziologie 8 (1979), S. 63-81.
14 Die Gründe für diese Begriffsfassung liegen, historisch gesehen, in der Kritik des teleologischen Handlungsverständnisses und, theoretisch gesehen, im Begriff der Komplexität. Zu letzterem Niklas Luhmann, Temporalization of Complexity, in: R. Felix Geyer/Johannes van der

Zouwen (Hrsg.), Sociocybernetics Bd. 2. Leiden 1978, S. 95–111.
15 Zu Zweck als Externalisierung von Selbstreferenz vgl. unten S. 50 ff.
16 Vgl. Harold L. Raush, Interaction Sequences, Journal of Personality and Social Psychology 2 (1965), S. 487-499.
17 A Theoretical Framework for Personality and Social Behavior, American Psychologist 6 (1951), S. 476-483. In der späteren, überarbeiteten Fassung, abgedruckt in Talcott Parsons/Edward A. Shils (Hrsg.), Toward a General Theory of Action, Cambridge Mass. 1951, S. 465-478, fehlt diese aufschlußreiche Formulierung.
18 Diese Fragestellung hat, das sei hier angemerkt, eine Steuerungsfunktion für die folgenden Untersuchungen. Sie vermeidet bewußt, vom Akt aus sogleich nach der Konstitution von Zeit zu fragen. Vgl. dazu auch Jacques Havet, Kant et le problème du temps, Paris 1946.
19 Dies Beispiel nach Louis M. Smith/William Geoffrey, The Complexities of an Urban Classroom, New York 1968, S. 58 ff.
20 Erste Überlegungen zu dieser Problemfassung verdanke ich einem Irish coffee bei, und einem Gespräch mit Stein Bråten.
21 Ebenso unzureichend ist es, die chronologisch gemessene, beliebig unterbrechbare Zeit als »objektiv«, die je nach Umständen dehnbare Zeit dagegen als »subjektiv« zu bezeichnen; wenn man so will, sind Unterbrechung ebenso wie Dehnung subjektive Nutzung objektiver Möglichkeiten, die im Gebrauch erst ihr Auseinandertreten konstituieren.
22 Vgl. Leonard W. Doob, Patterning of Time, New Haven 1971, S. 87 ff.
23 Vgl. hierzu Johan P. Olsen, Voting, »Sounding Out«, and the Governance of Modern Organizations, Acta Sociologica 15 (1972), S. 267 bis 283.
24 »the past portion of the present« und »the future portion of the present«. Siehe Thomas J. Cottle, The Time of Youth, in: Bernard S. Gorman/Alden E. Wessman (Hrsg.), The Personal Experience of Time, New York 1977, S. 163-189 (179).
25 Vgl. unten S. 53 ff.
26 Siehe nur Harold H. Kelley, Causal Schemata and the Attribution Process, New York 1972.
27 Bereits Alfred N. Whitehead, Process and Reality: An Essay in Cosmology, New York 1929, S. 95, hatte Gleichzeitigkeit als kausale Unabhängigkeit definiert. Das bleibt indes unbefriedigend, da es vielerlei Gründe der Unterbrechung von Kausalitäten gibt, die keinerlei Auswirkungen auf das Zeitbewußtsein haben. Wir sagen daher umgekehrt, daß die Anwendung der Kausalvorstellung zum Arrangieren einer irreversiblen Ereignisreihe und damit zur Desimultaneisierung zwingt.
28 Vgl. Kants »Dritte Analogie der Erfahrung« – Kritik der reinen Ver-

nunft B 256 ff., zit. nach der Ausgabe v. Kirchmann, 8. Aufl., Leipzig 1901, S. 242 ff. Ferner speziell für Systeme sozialer Interaktion Friedrich D. E. Schleiermacher, Versuch einer Theorie des geselligen Betragens, in: Werke, Leipzig, 2. Aufl. 1927, Bd. II, S. 1-31; Georg Simmel, Grundfragen der Soziologie (Individuum und Gesellschaft) Berlin-Leipzig 1917, S. 50 ff. und zur Begriffsgeschichte Petra Christian, Einheit und Zwiespalt: Zum hegelianisierenden Denken in der Philosophie und Soziologie Georg Simmels, Berlin 1978, S. 110 ff.

29 Hierzu auch Nicolai Hartmann, Philosophie der Natur: Abriß der speziellen Kategorienlehre, Berlin 1950, S. 418 f.

30 Vgl. hierzu auch Niklas Luhmann, Vertrauen: Ein Mechanismus der Reduktion sozialer Komplexität, 2. Aufl., Stuttgart 1973, insb. S. 40 ff.

31 Siehe vor allem: Talcott Parsons, Some Considerations on the Theory of Social Change, Rural Sociology 26 (1961), S. 219-239.

32 Vgl. Alfred Korzybski, Science and Sanity, Lancaster Pa 1933, Neudruck der 3. Aufl. Lakeville Conn. 1949, hier angewandt auf Sprache.

33 Es war eine (ohne weitere Erläuterung kaum verständliche und daher einflußlose) These des Marquis de Vauvenargues, daß die Vergänglichkeit der Gegenwart Handeln unvermeidlich mache. Vgl. Reflexions sur divers sujets, in: Œuvres de Vauvenargues (éd. D.-L. Gilbert), Paris 1857, Neudruck Genf 1970, S. 63-113 (94 f.). Dazu auch Niklas Luhmann, Zeit und Handlung: Eine vergessene Theorie a. a. O.

34 Hierzu näher Niklas Luhmann, Organisation und Entscheidung, Opladen 1978, S. 8 ff.

35 Über die Teilung der sozialen Arbeit, dt. Übers. Frankfurt 1977, S. 240 ff.

36 Siehe die Medien-Essays, abgedruckt in: Talcott Parsons, Politics and Social Structure, New York 1969.

37 Vgl. auch Niklas Luhmann, Generalized Media and the Problem of Contingency, in: Jan J. Loubser et al. (Hrsg.), Explorations in General Theory in Social Science: Essays in Honor of Talcott Parsons, New York 1976 Bd. 2, S. 507-532.

38 Siehe z. B. Bliss C. Cartwright/R. Stephen Warner, The Medium is not the Message, in: Loubser et al. a. a. O. S. 639-660 (645 f.).

39 Im Wortlaut: »estant certain que le motif de toutes les grandes actions n'est point du tout le plaisir; est c'est bien assez de le regarder comme un effet infaillible d'une belle action«. Und: »Mais pour la vertu, je le redis encore une fois, elle ne peut estre sans plaisir. Il est vray que pour estre veritablement vertu, il faut qu'elle n'aspire pas au plaisir, et que celuy qu'elle cause parte naturellement d'elle-mesme, comme la lumiere part du Soleil« (Des plaisirs, in dies., Conversations sur divers sujets Bd. I, Lyon 1680, S. 36-64 [54, 57]).

40 So z. B. Heinrich Stephani, System der öffentlichen Erziehung, Berlin

1805, S. 295: Achtung dürfe nicht zum Motiv werden, sonst sei man ein sittlich verdorbener Mensch. Sie folge dem guten Handeln wie sein Schatten, wer sich aber ständig nach seinem Schatten umsehe, verhalte sich wie ein Tor.
41 Vgl. Madeleine de Scuderi, De la connoissance d'autruy et de soymesme, a. a. O. S. 65-135. Siehe auch Marquis de Caraccioli, La jouissance de soi-même, 2. Aufl., Utrecht-Amsterdam 1759, S. 407 ff.: Freundschaft sei *trotzdem* erwiesenes Vertrauen. Im übrigen ist Unerforschlichkeit des Subjekts bei klarem Bewußtsein seiner Existenz ein bemerkenswerter Fall der Säkularisierung von Gottesattributen.
42 Vgl. z. B. Jacques Abbadie, L'art de se connoître soi-mesme, ou la recherche des sources de la morale, Rotterdam 1692, S. 378 ff.
43 Siehe hierzu auch Otthein Rammstedt, Soziale Bewegung, Frankfurt 1978, insb. 43 ff., 127 ff.
44 Vgl. für einen neueren Überblick Gordon Pask, A Conversation Theoretic Approach to Social Systems, in: R. Felix Geyer/Johannes van der Zouwen (Hrsg.), Sociocybernetics Bd. 1, Leiden 1978, S. 15-26; ferner z. B. Klaus Merten, Reflexivity in Human Communication, Yearbook of Communication 1 (1977), S. 121-131; ders., Kommunikationsmodell und Gesellschaftstheorie, Kölner Zeitschrift für Soziologie und Sozialpsychologie 30 (1978), S. 572-595; Torstein Eckhoff, Feedback in Legal Reasoning and Rule Systems, Scandinavian Studies in Law 1978, S. 39-51.
45 zitiert nach: Werke Bd. 3, Darmstadt 1962. Siehe insb. S. 42 ff.
46 Zweite Einleitung a. a. O. S. 46.
47 Von einem neuerdings erhobenen vornehmen Ton in der Philosophie (1796), zitiert nach: Kleinere Schriften zur Logik und Metaphysik II (Hrsg. v. Kirchmann), Leipzig o. J.
48 Zweite Einleitung a. a. O. S. 45.
49 Vgl. hierzu auch die Unterscheidung einer differenten Zeitlichkeit von Struktur und Ereignis bei Reinhart Koselleck, Darstellung, Ereignis und Struktur, in: Gerhard Schulz (Hrsg.), Geschichte heute: Positionen, Tendenzen, Probleme, Göttingen 1973, S. 307-317.
50 Also das hinterlassen, was das »nyn« der aristotelischen Zeitphysik zu leisten bestimmt war: die »synécheia chrónou« (Physica 222 a 10).
51 Hierzu lesenswert: Stuart Albert/William Jones, The Temporal Transition from Being Together to Being Alone: The Significance and Structure of Children's Bedtime Stories, in: Bernard S. Gorman/Alden E. Wessman (Hrsg.), The Personal Experience of Time, New York 1977, S. 111-132.
52 Hier lassen sich Überlegungen zur Todes-Semantik und ihrer gesellschaftsstrukturell bedingten historischen Variation anschließen, die an dieser Stelle jedoch nicht ausgeführt werden können. Erwähnt sei nur, daß mit dem Übergang zur modernen, stärker individualisierten und

stärker temporalisierten Gesellschaft auch diejenigen Vorstellungen variieren, die einen das Leben überdauernden Lebenssinn garantieren und dadurch mehr als die Lebenszeit zur Gegenwart machen.

53 Die komplizierten Fragen, die sich zusätzlich aus einer internen System/Umwelt-Differenzierung ergeben, lassen wir hier außer acht.

54 Ich vermute: Steigerung der Komplexität als Folge des Übergangs zu funktionaler Differenzierung. Siehe hierzu näher Niklas Luhmann, Temporalization of Complexity a. a. O.

55 Siehe z. B. J. M. Parent, La doctrine de la création dans l'école de Chartres: Etude et Textes, Paris – Ottawa 1938, S. 95 ff. und als Quelle Timaios 37 D–38 C. Vgl. auch Werner Beierwaltes, Plotin, Über Ewigkeit und Zeit (Enneade III, 7) Frankfurt 1967; S. Samburski/S. Pines, The Concept of Time in Late Neoplatonism: Texts with Translation, Introduction and Notes, Jerusalem 1971

56 Vgl. etwa Dietrich Mahnke, Unendliche Sphäre und Allmittelpunkt: Beiträge zur Genealogie der mathematischen Mystik, Halle 1937.

57 A. a. O. (1692), S. 18

58 Vgl. Parent a. a. O. S. 102 ff.

59 Der Einfluß der stoischen Literatur auf die beginnende neuzeitliche Anthropologie ist viel beachtet worden. Vgl. nur die Arbeiten von Wilhelm Dilthey in: Gesammelte Schriften Bd. II: Weltanschauung und Analyse des Menschen seit Renaissance und Reformation, 9. 4. Aufl., Leipzig-Berlin 1940; Anthony Levi, French Moralists: The Theory of the Passions 1585 to 1649, Oxford 1964; Dieter Henrich, Die Grundstruktur der modernen Philosophie, in: Hans Ebeling (Hrsg.), Subjektivität und Selbsterhaltung: Beiträge zur Diagnose der Moderne, Frankfurt 1976, S. 97-143.

60 So Thomas Smith ›De Republica Anglorum‹, London 1583, zitiert nach der Ausgabe Cambridge 1906, Neudruck Shannon 1972.

61 Klassisch und einflußreich die Schriften und Briefe des Chevalier de Méré, zit. nach Œuvres complètes, 3 Bde., Paris 1930. Siehe auch (speziell für modestie) Antoine de Courtin, Nouveau Traité de la civilité qui se pratique en France parmi les honestes gens, Paris 1671.

62 Vgl. Jean Desmarests de Saint-Sorlin, Les Delices de l'esprit, Paris 1661 Bd. I, S. 112: »Car comme Dieu estant eternel, n'est point sujet au temps; et que le passé, le present et l'avenir ne sont pour luy q'une mesme chose, et un seul temps present: aussi l'esprit humain posse de tous le temps en mesme temps s'égayant à sa fantaisie sur le passé et sur l'avenir, comme sur le present; et tout luy est present. Il se porte dans le passé par la memoire et par le recit, et se le rend present; et il se porte dans l'avenir par l'esperance et par la prevoyance, et se le rend encore present«. Gott besitzt, mit anderen Worten, die ganze Zeit als Gegenwart, der Mensch kann sich Vergangenheit und Zukunft vergegenwärtigen.

63 Diese Formulierung bei de Chevigny, La science des personnes de la cour, 4. Aufl. Amsterdam 1713, S. 253.
64 Vgl. Abbé Joannet, De la Connoissance de l'homme dans son être et dans ses rapports, Paris 1775, Bd. II, S. 194, Anm.
65 Vgl. etwa Whitrow, a. a. O. S. 22 ff. Zur Übergangslage ferner Jochen Schlobach, Die klassisch-humanistische Zyklentheorie und ihre Anfechtung durch das Fortschrittsbewußtsein der französischen Frühaufklärung, in: Karl-Georg Faber/Christian Meier (Hrsg.), Historische Prozesse, München 1978, S. 127-142.
66 Louis Le Roy, De la vicissitude ou variete des choses en l'univers, Paris 1577 fol. 113.
67 Vgl. a. a. O. fol. 101, 110.
68 »Rien n'est commencé et achevé ensemble mais par succession de temps croist et amende ou devient plus poly« (a. a. O. fol. 113).
69 Vgl. Arthur O. Lovejoy, The Great Chain of Being: A Study of the History of an Idea, Cambridge Mass. 1950 (zuerst 1936), S. 242 ff.
70 Siehe etwa Jean Henri Samuel Formey, Examen de la Preuve qu'on tire des fins de la Nature pour établir l'existence de Dieu, in ders., Melanges philosophiques Bd. I, Leiden 1754, S. 43-74 (57): »Un tout successif n'existe pas par lui-même, parce que la raison de cette existence n'est contenu ni dans sa partie, ni dans sa totalité«.

# Jürgen Habermas
# Handlung und System
# Bemerkungen zu Parsons' Medientheorie

Parsons hat in den autobiographischen Bemerkungen zur Entwicklung seines Werkes[1] die Problemlage geschildert, die den Anstoß zu einer Theorie der Kommunikationsmedien gegeben hat. Das zuerst 1963 vorgestellte »interchange paradigm«, das die komplexen, über sechs »Märkte« vermittelten Austauschbeziehungen zwischen den vier sozialen Teilsystemen darstellt, geht auf den Versuch zurück, die methodisch fortgeschrittenste sozialwissenschaftliche Disziplin, die Wirtschaftswissenschaft, in die Theorie der Gesellschaft zu integrieren.[2] Die Aufgabe bestand in dem Nachweis, daß das Wirtschaftssystem eines unter mehreren funktional spezialisierten Teilsystemen der Gesellschaft darstellt.

Die neoklassische Wirtschaftstheorie hatte die Wirtschaft als ein System mit durchlässigen Grenzen konzipiert, welches inputs aus der Systemumwelt gegen eigene outputs tauscht; sie hatte sich vorzugsweise auf den Fall des Austausches zwischen Unternehmungen und privaten Haushalten konzentriert und die Beziehungen zwischen Kapital und Arbeit unter dem Gesichtspunkt eines systemischen Austauschs zwischen den realen Größen Arbeitskraft und Konsumgütern einerseits, sowie den entsprechenden monetären Größen, Löhnen und privaten Ausgaben andererseits, analysiert. Wenn man sich nun nicht, wie Ökonomen, für die innere Dynamik des Wirtschaftssystems, sondern, wie Parsons als Gesellschaftstheoretiker, für die Beziehungen zwischen der Ökonomie und den übrigen sozialen Teilsystemen interessiert und die nicht-ökonomischen Parameter des Wirtschaftsprozesses erklären will, drängen sich zwei Fragen auf. Erstens die, welchen begrifflichen Status Geld als ein Medium hat, das den intersystemischen Austausch steuert; und zweitens die Frage, ob auch die *anderen* sozialen Teilsysteme den Austausch mit ihren Umwelten über *ähnliche* Medien regeln: »The main problem has been, whether the same principles ... could be generalized beyond the case of money to that of other media.«[3]

Parsons ist dieser Frage in den 6oer Jahren nachgegangen. 1963 hat er den Aufsatz über den Begriff der Macht veröffentlicht.[4] Diesen Versuch, politische Macht als ein im politischen System verankertes Medium zu begreifen, das strukturelle Analogien zu Geld aufweist, hat Parsons als geglückten Test für die Verallgemeinerungsfähigkeit des Medienkonzepts betrachtet. Im gleichen Jahr erscheint die Arbeit über den Begriff des Einflusses und einige Jahre später die Untersuchung über den Begriff der Wertbindung.[5]

In der Reihenfolge Geld, Macht, Einfluß und Wertbindung hat Parsons vier Medien in Grundzügen analysiert und jeweils einem der sozialen Teilsysteme zugeordnet: Geld dem ökonomischen, Macht dem politischen System, Einfluß dem System der sozialen Integration und Wertbindung dem System der kulturellen Reproduktion. Dieser ersten Runde der Verallgemeinerung des Medienkonzepts, die sich auf die Ebene des sozialen Systems erstreckt, ist eine zweite Runde gefolgt. Für die Ebene des Handlungssystems im allgemeinen, das aus Verhaltenssystemen, Persönlichkeit, Gesellschaft und Kultur besteht, hat Parsons vier *weitere* Medien (nämlich Intelligenz, Leistungsfähigkeit, Affekt und Interpretation) eingeführt.[6] Aus der Systematik ergibt sich, daß noch jeweils vier weitere Medien für die Ebenen des Verhaltenssystems, der Person und der Kultur, auf derselben Allgemeinheitsstufe wie Geld, Macht, Einfluß und Wertbindung, spezifiziert werden müssen. Diese Abrundung ist im Gange.[7] Wenn man diesem Pfade der Verallgemeinerung des Medienkonzepts vom Geld bis zur Wertbindung, von den Medien der Gesellschaft zu denen des Handlungssystems im allgemeinen, und von hier zu den Medien auf den Ebenen des Verhaltenssystems, der Person und der Kultur folgt, kann man beobachten, daß die strukturellen Analogien zum Geldmedium undeutlicher, die begrifflichen Bestimmungen nicht nur abstrakter, sondern auch unpräziser und am Ende gar metaphorisch werden. Das könnte einen trivialen Grund haben: wir beobachten ein work in progress, aber auch einen weniger trivialen: nämlich die Übergeneralisierung eines Modells, das die Gesamtkonstruktion nicht tragen kann. Deshalb möchte ich die Frage, die sich Parsons Anfang der 60er Jahre gestellt hat, noch einmal aufnehmen: whether the same principles could be generalized beyond the case of money? Dabei beschränke ich mich auf das, was ich die erste Runde der Verallgemeinerung genannt habe. Als erstes: ist die zeitliche Reihenfolge, in der Parsons die Medienbegriffe auf der Ebene des sozialen Systems aufgenommen und analysiert hat, zufällig, oder spiegelt sich darin eine sachliche Problematik? Gewiß bietet der Umstand, daß die Wirtschaftswissenschaft Geld als ein Medium, welches die optimale Verwendung knapper Ressourcen regelt, bereits gut analysiert hatte, einen heuristischen Vorzug, den sich Parsons zunutze gemacht hat. Aber dieser Umstand selbst ist nicht zufällig; er zeigt nur, daß sich mit der kapitalistischen Produktionsweise zunächst die Wirtschaft als ein funktional spezifiziertes Teilsystem ausdifferenziert hat. Geld ist das Medium, das als erstes institutionalisiert worden ist. So könnte Parsons die Medien in der Reihenfolge ihres historischen Auftretens und nach dem Grad ihrer institutionellen Durchsetzung bearbeitet haben. Dann gäbe es für die zunehmende Unschärfe der Medienkonzepte sogar eine objektive Rechtfertigung. Die strukturellen Merkmale eines Mediums treten erst in dem Maße erkennbar hervor, wie sie normativ verankert werden und die Ausdifferenzierung eines Gesellschaftssubsystems ermöglichen. Mit anderen Worten, die soziale Evolution selbst muß notwendige Bedingungen dafür erfüllen, daß der systematische Zusammenhang der Medien untereinander erkannt und ausgearbeitet werden kann. Diese Vermutung gibt übrigens keinen Anlaß zur Kritik an Parsons' kühner Strategie der Verallgemeinerung – man könnte ihm im Gegenteil den Vorwurf machen, nicht kühn genug, und d. h. nicht hinreichend deduktiv vorzugehen. Wenn nämlich Geld nur eines von zwanzig Medien darstellt, kann man nicht wissen, welche der am Geldmedium abgelesenen strukturellen Merkmale für Medien überhaupt charakteristisch sind, es sei denn, man könnte schon die Medien für das Handlungssystem im allgemeinen präzisieren.[8]

Die zunehmende Unschärfe der Medienkonzepte, die Reihenfolge, in der Parsons sie bearbeitet, die Unvollständigkeit ihrer Systematik könnten allerdings auch darin ihren Grund haben, daß das Medienkonzept nur auf bestimmte Handlungsbereiche paßt, weil die Struktur des Handelns eine mediengesteuerte Subsystembildung für bestimmte Funktionen, beispielsweise für die Funktion der Anpassung zuläßt, aber für andere, etwa für die der kulturellen Reproduktion, nicht. Wenn diese Vermutung zutrifft, setzte sich der Versuch, den Fall des Geldmediums für die Gesellschaft und das Handlungssystem im ganzen zu verallgemeinern, dem Vorwurf der Übergeneralisierung aus. Nicht die Unvollständigkeit der Mediensystematik ist dann das Problem, sondern die These, daß es so etwas wie ein umfassendes System von Medien gibt. Ich will einige Argumente für diese Vermutung anführen.

Zunächst werde ich den Kontext erläutern, in dem ich mich für diese Frage interessiere (1). Dann möchte ich zeigen, wie Parsons den Begriff des Mediums am Beispiel des Geldes einführt (2) und welche Schwierigkeiten sich bei dem Versuch einer Übertragung des Medienkonzepts auf andere Handlungsbereiche des sozialen Systems ergeben (3). Schließlich will ich auf Parsons handlungstheoretische Begründung der Mediensystematik eingehen und eine alternative Deutung vorschlagen (4).

1) In Parsons Werk besteht eine eigentümliche Spannung zwischen System- und Handlungstheorie. In der Biographie des Werkes lassen sich Interessenverlagerungen von einem Schwerpunkt zum anderen, und auch die wiederholten Versuche, die Grundbegriffe ›System‹ und ›Handlung‹ nichttrivial miteinander zu verklammern, verfolgen. Nach meinem Eindruck ist der Status des Handlungssystems im allgemeinen – des zum general action *system* erhobenen general action *frame* – in wichtigen Aspekten immer noch nicht ganz geklärt. Daß diese Unklarheit nicht auf private Schwierigkeiten zurückgeht, zeigt sich an der Wirkungsgeschichte des Parsonschen Werkes. Die meisten seiner älteren Schüler und diejenigen Leser, die Parsons eher von der Seite seiner sozialisationstheoretischen Schriften rezipieren, behaupten (oder unterstellen stillschweigend) einen methodischen Primat der handlungstheoretischen Grundbegriffe, die meisten seiner jüngeren Schüler und diejenigen Leser, die Parsons eher von der Seite seiner makrosoziologischen Schriften rezipieren, behaupten (oder unterstellen stillschweigend) den fundamentalen Stellenwert der systemtheoretischen Grundbegriffe für den Aufbau der Theorie. Um diese Gewichtungen zu illustrieren: für die einen ist »Toward a General Theory of Action« und das Verhältnis von Kultur, Gesellschaft, Person (mit Institutionalisierung und Internationalisierung als den wichtigsten systemverschränkenden Mechanismen), für die anderen ist »Economy and Society« (mit dem Schema der intersystemischen Austauschbeziehungen) zum Schlüssel für das Verständnis des Gesamtwerks geworden. Parsons selbst hat freilich noch vor kurzem den methodischen Primat der Handlungstheorie behauptet. Als er seine beiden, in der IESS erschienenen Artikel über ›Social Interaction‹ und ›Social

System‹ einen nach dem anderen wieder abdrucken ließ, begründete er diese Reihenfolge damit, »that the subject of social interaction is in a fundamental sense *logically prior* to that of social system.«[9] Wenn man die Theoriekonstruktion für sich selbst sprechen läßt, scheint Parsons diese Frage eher offen gelassen zu haben.

Der methodische Primat der handlungstheoretischen Grundbegriffe bedeutet, daß kommunikatives Handeln in Begriffen analysiert wird, die wir anhand eines theoriegeschichtlichen Leitfadens aus der rationalen Nachkonstruktion des vortheoretischen Wissens sprach- und handlungsfähiger Interaktionsteilnehmer gewinnen. Die Grundbegriffe bezeichnen die emergenten Merkmale von Handlungssystemen *als Handlungs*systemen. Dies war die Aufgabe, die sich Parsons in »The Structure of Social Action« (1937) gestellt hat. Darin hat er einen Begriff der sozialen Interaktion entfaltet, der geeignet ist, lebende Systeme als Handlungssysteme zu beschreiben, oder besser: zu interpretieren. Der methodische Primat wechselt, wenn man darangeht, diese handlungstheoretischen Grundbegriffe ihrerseits auf systemtheoretische Begriffe zurückzuführen. Dieser Schritt liegt nahe, weil sich die Systemtheorie selbst schon eines bestimmten Modells sprachlicher Kommunikation (die als Übertragung von Informationen zwischen Sender und Empfänger verstanden wird) und eines bestimmten Modells von Erleben und Handeln (die als selektive Verarbeitung von Informationen verstanden werden) bedient. Auf dem Wege der systemtheoretischen Umdeutung können wir eine rekonstruktiv gewonnene Sprach- und Handlungstheorie durch die in der Kybernetik übliche Verhaltenstheorie ersetzen. Das bedeutet freilich einen Verzicht auf genau die begriffliche Spezifizierung von Handlungssystemen, die nur aufgrund eines internen, durch den Teilnehmerstatus des beobachtenden Sozialwissenschaftlers ermöglichten Zugangs zum Objektbereich erarbeitet werden kann. Nach einer solchen objektivistischen Wendung lassen sich Interaktionsvorgänge nur noch unter funktionalistischen Gesichtspunkten analysieren. Das ist ein Preis an analytischer Kapazität, der auf der Ebene allgemeiner methodologischer Erörterungen nicht leicht charakterisiert, aber am Beispiel der Medientheorie, wie ich glaube, illustriert werden kann.

Parsons hat in den 30er Jahren einen Satz von handlungstheoretischen Grundbegriffen entwickelt, die ein Modell zielgerichteten, aber normativ integrierten Handelns beschreiben. Den Bezugspunkt der Analyse bildet der einzelne Aktor in einer Situation. Dessen Handlung wird als Ergebnis einer (im Hinblick auf andere entscheidungsfähige Aktoren doppelt) kontingenten Entscheidung interpretiert. Diese wird mit Hilfe perzipierter Randbedingungen und einer Handlungsorientierung erklärt, die ihrerseits durch vier Komponenten bestimmt ist: durch Werte, Normen, Ziele und disponible Mittel. Andererseits hat Parsons eine soziale Interaktion stets als Einheit in einem Handlungs*system* aufgefaßt. Den Systembegriff hat er im Laufe der Jahre an die Koventionen der allgemeinen Systemtheorie angepaßt. Die Grundfunktionen von Handlungssystemen begreift er heute als speziellen Fall der Funktionen lebender Systeme überhaupt. Lebende Systeme sind offene Systeme, die ihren Bestand gegenüber einer instabilen und überkomplexen Umwelt durch Austauschprozesse über ihre Grenzen hinweg erhalten. Sie spezialisieren ihre Funktionen sowohl in der durch die Systemgrenze interpretierten räumlichen Innen/Außen-Dimension wie auch in der durch das Problem der Bestandserhaltung interpretierten zeitlichen Dimension. Aus der Kombination dieser beiden Axen ergeben sich die vier bekannten Grundfunktionen:

|  | Ausgangs- | Zielzustand |
|---|---|---|
| Außen | Anpassung | Zielerreichung |
| Innen | Erhaltung von Strukturen | Integration von Einheiten |

Zeit ⟶ Raum

An diesem Vierfunktionenschema setzt Parsons an, um System- und Handlungstheorie begrifflich zu integrieren. Als Übersetzungsregeln dienen ihm die pattern-variables, gleichsam transzendentale Entscheidungsalternativen, aus deren Kombinationen die Grundmuster von Wertorientierungen aufgebaut sind. Dieser Versuch, der von den »Working Papers« bis zur Antwort auf R. Dubin reicht,[10] ist nicht besonders plausibel. Der Versuch, Grundfunktionen von Handlungs*systemen* mit Hilfe von Variablen der Handlungs*orientierung* zu bestimmen, könnte ja nur zum Ziel führen, wenn man die System-Umwelt-Relation mit der Beziehung des Aktors zur Handlungssituation gleichsetzen und davon ausgehen dürfte, daß die Funktionen, die die Handlung erfüllt, vom Aktor bewußt intendiert werden, mindestens aus seiner Handlungsorientierung herausgelesen werden können. Das gilt aber nur für einen Grenzfall. Auf dieses Problem kann ich hier nicht eingehen.

Prima facie halte ich den Versuch, System- und Handlungstheorie auf dem Wege über die Medientheorie begrifflich zu integrieren, für aussichtsreicher. Der Austausch zwischen System und Umwelt, und der Austausch zwischen funktional spezifizierten Einheiten innerhalb eines Systems, muß sich, ob es sich um Organismen oder um Gesellschaften handelt, über igendwelche Medien vollziehen. Es liegt auf der Hand, daß für Handlungssysteme sprachliche Kommunikation ein solches Medium darstellt, dem Spezialsprachen wie Geld oder Macht ihre Struktur entlehnen. Gleichzeitig ist sprachliche Verständigung ein so wichtiger Mechanismus der Handlungskoordinierung, daß die Handlungstheorie dort, wo sie einen methodischen Primat behält, das Konzept des Handelns nur im Zusammenhang mit dem Konzept der Sprache klären kann. So bietet sich die Analyse des Sprachmediums als Brücke zwischen System- und Handlungstheorie an.

Parsons hat das Konzept der Sprache zunächst in dem von der Kulturanthropologie verwendeten Sinne eines Mediums übernommen, das Intersubjektivität ermöglicht und den für normative Ordnungen relevanten Wertekonsens trägt. Er verweist auf das Modell der Sprache, um zu erläutern, was es heißt, daß Aktoren Wertorientierungen *teilen*. Die kommunikative Teilhabe an identischen Bedeutungsgehalten, der Konsens einer Sprachgemeinschaft, dient als Modell für den gemeinsamen Besitz kultureller Werte und für die kollektive Verpflichtung auf eine normative Ordnung: »The concept of a shared basis of normative order is basically the same as that of a common culture or a symbolic system. The prototype of such an order is language.«[11] Als Parsons dann vor der Aufgabe steht, Medien wie Geld und Macht als Spezialisierungen sprachlicher Kommunikation darzustellen, erweist sich der kulturalistische Sprachbegriff aus zwei Gründen als ungenügend. Zum einen geht es nicht mehr um jene besondere Art von Gemeinsamkeit, die die Intersubjektivität sprachlicher

Verständigung darstellt, sondern um strukturelle Analogien zwischen Sprache einerseits, Medien wie Geld und Macht andererseits. Diese findet Parsons in der Struktur von Code und Message. Mit der Medientheorie drängt sich zum anderen die Frage nach dem systematischen Ort sprachlicher Kommunikation auf.

Sprache schien zum kulturellen System zu gehören. Sprache ist das Medium, durch das sich Traditionen fortpflanzen; Sprache und kulturelle Überlieferung sind miteinander verwoben. Zwar hatten Institutionalisierung und Internalisierung, jene systemverschränkenden Mechanismen, die die kulturellen Muster im Gesellschafts- und im Persönlichkeitssystem verankern, schon immer die Frage nahegelegt, ob nicht Sprache *für das Handlungssystem im allgemeinen* zentral ist und auf *derselben* Ebene wie der Begriff des Handelns analysiert werden muß. Eine Akzentverschiebung vom zielgerichteten zum kommunikativen Handeln bahnte sich aber erst an, als Parsons die Traditionen des symbolischen Interaktionismus ausdrücklich berücksichtigte. Die Medientheorie hat dann das Problem unausweichlich gemacht. Dem trägt die programmatische Äußerung von V. M. Lidz Rechnung: »Language has often been discussed as a prototypical instance of the media. Indeed, it has stood second only to money in being treated as a prototypical medium. Yet, no convincing analysis has been put forward of the precise functional location within action systems that should be attributed to language. It has remained something of a ›freefloating‹ medium, therefore, and the value of holding it up as a prototypical medium has perhaps been considerably reduced on that account. Here, a functional location for language will be proposed, and it will be maintained, moreover, that this functional location makes clear why language should be given high theoretical priority as a model for the treatment of other media. Language will be discussed as compromising the core of the generalized mechanism of the whole system of action. It stands ›over‹ the media which have been treated as specialized about regulation of the combinatorial and interchange processes of each of the four primary subsystems of action. Thus it provides the basis in common meaning by which the processes generated by the respective action subsystem media may be coordinated with one another.«[12]

Freilich bieten sich zwei Strategien an, um diese Aufgabe zu lösen. Entweder, und das ist wohl die Option von Victor Lidz, setzt man die Analyse der Sprache auf der Ebene einer Theorie des kommunikativen Handelns an. Dann läßt sich einerseits an allgemeine Linguistik und Sprachphilosophie anknüpfen, und andererseits an soziologische Handlungstheorien, die Interpretation und Verständigung als Mechanismus der Handlungskoordinierung untersuchen. Diese Sprachanalytiker wählen das intuitive Wissen kompetenter Sprecher als Datenbasis; sie nutzen den internen Zugang zu Interaktionen, über den sie als virtuelle Teilnehmer verfügen, methodisch, um die rationale Binnenstruktur von Verständigungsprozessen nachzukonstruieren. Eben dieser Möglichkeit begibt man sich, wenn man die Ebene sprach- und handlungstheoretischer Untersuchungen systemtheoretisch unterläuft und den Mechanismus sprachlicher Verständigung für die Gesellschaftstheorie von vornherein unter den funktionalistischen Gesichtspunkt der Systembildung- und erhaltung stellt. Auf diese Weise werden die rekonstruktiv gewonnenen Merkmale kommunikativen Handelns, die ein bestimmtes Emergenzniveau in der Evolution beschreiben, durch Elemente ersetzt, in denen sich die abstrakten Bestimmungen von allgemeinen Systembildungsprozessen *lediglich wiederholen*. Dieser Strategie folgt Luhmann mit der These, »daß emergente Ordnungen die Elemente, die sie verknüpfen, selbst konstituieren müssen (wenngleich sie dabei an Vorleistungen unterer Ordnungsebenen gebunden sind und darauf aufbauen)... Dann würde man nicht aus einer Analytik des Handelns unter Anfügung allgemeiner systemtheoretischer Gesichtspunkte... eine Theorie des Handlungssystems konstruieren; man würde allgemeine systemtheoretische Konstruktionsüberlegungen verwenden, um daraus *abzuleiten*, wie im Falle des hier interessierenden Emergenzniveaus Systeme Handlungen konstituieren.«[13]

Im Bereich der Parsons-Schule hat sich R. C. Baum diese Option zu eigen gemacht und versucht, erst die vier Grundfunktionen aus Grundvorgängen der Reduktion und Steigerung von Komplexität abzuleiten, um dann das sprachliche Kommunikationsniveau mit Hilfe eines Vierfunktionsschemas der Sinnproduktion zu charakterisieren.[14]

Indem Baum Sprache über das Vierfunktionsschema auf allgemeine Systembildungs- und erhaltungsprozesse bezieht und dabei die intern zugänglichen Strukturen sprachlicher Kommunikation überspringt, trifft er auf analytischer Ebene eine wichtige

Vorentscheidung: Weil sprachliche Kommunikation und damit Verständigung als Mechanismus der Handlungskoordinierung allein unter Steuerungsaspekten in den Blick kommt, gilt es als ausgemacht, daß die funktionale Spezifizierung der Sprache keinen Beschränkungen unterliegt, die der Ausdifferenzierung entsprechender Medien *von der Struktur der Sprache selbst* entgegengesetzt würden. Wenn das Differenzierungsniveau eines über Geld gesteuerten Wirtschaftssystems erst einmal erreicht ist, dürfen wir die Ausdifferenzierung von Teilsystemen über entsprechende Medien auch in den übrigen Funktionsbereichen erwarten. Diese Frage läßt sich aber nicht einfach durch die Wahl eines theoretischen Ansatzes erledigen. Ich möchte deshalb zunächst das Konzept des Geldmediums und dann einige Schwierigkeiten erörtern, auf die der Versuch stößt, dieses Konzept zu verallgemeinern.

2) Das Medium Geld ersetzt sprachliche Kommunikation in bestimmten Situationen und in bestimmten Hinsichten; diese Substitution verringert sowohl den Aufwand an Interpretationsleistungen wie auch das Risiko eines Scheiterns der Verständigung. Um die Substitutionsleistungen genauer identifizieren zu können, will ich die mediengesteuerte Interaktion vom Hintergrund kommunikativen Handelns abheben; betrachten wir einen Modellfall, beispielsweise einen Befehl.

Ein Befehl tritt normalerweise in der Sequenz einer (nicht immer explizit sprachlichen, aber) kommunikativen Alltagspraxis auf (für deren extraverbale Einheiten sich gegebenenfalls bedeutungsäquivalente sprachliche Formulierungen angeben lassen). Die elementare Einheit umfaßt außer einer Äußerung von Ego eine Stellungnahme von Alter. Unter kommunikativem Aspekt läßt sich ihre Interaktion als Verständigungsvorgang beschreiben; im Hinblick auf das Interaktionsproblem, das sie lösen müssen, dient die Verständigung der Koordinierung zielgerichteter Handlungen beider Aktoren. Indem Ego Alter einen Befehl gibt und Alter Egos Befehl akzeptiert, verständigen sich beide über etwas in der Welt und koordinieren dadurch ihre Handlungen. Ihre Kommunikation dient gleichzeitig der Information und der Handlungskoordinierung. Diese gelingt immer dann, wenn Alter zu dem Geltungsanspruch, den Ego mit seiner Äußerung erhebt, Ja sagt, d. h. affirmativ Stellung nimmt. Parsons hat auf die doppelte Kontingenz der Entscheidungen von Aktoren hingewiesen.

Im kommunikativen Handeln kommt die Doppelkontingenz dadurch zustande, daß jeder Interaktionsteilnehmer grundsätzlich kritisierbare Ansprüche sowohl erheben (und unterlassen) wie annehmen (und zurückweisen) kann und seine Entscheidungen unter der Voraussetzung fällt, daß dies auch für alle übrigen Interaktionsteilnehmer gilt.

Nun beruht die doppelt kontingente Verständigung auf Interpretationsleistungen von Aktoren, die, solange sie nicht egozentrisch am eigenen Erfolg, sondern an Verständigung orientiert sind und ihre jeweiligen Ziele vermittels eines kommunikativen Einverständnisses erreichen wollen, bestrebt sein müssen, zu einer gemeinsamen Situationsdefinition zu gelangen. Diese interpretiert eine Handlungssituation in der Weise, daß die relevanten Bestandteile jeweils der einen *objektiven Welt* existierender Sachverhalte bzw. der intersubjektiv geteilten *sozialen Welt* legitim geregelter interpersonaler Beziehungen und anerkannter Normen oder schließlich einer *subjektiven Welt* privilegiert zugänglicher Erlebnisse zugeordnet werden.

Die Interpretationsleistungen, aus denen solche Situationsdefinitionen hervorgehen, kann ich an dieser Stelle nicht analysieren; in unserem Zusammenhang ist allerdings wichtig, daß Handlungen kommunikativ, d. h. über sprachliche Konsensbildung nur dann koordiniert werden können, wenn mindestens drei Bedingungen erfüllt sind: a) ein gemeinsamer kultureller Wissensvorrat, den die Beteiligten für ihre Situationsdeutungen nutzen können, b) ein Kernbestand an intersubjektiv geltenden Normen, auf den sich die Beteiligten als ihre soziale Welt beziehen können und c) ein gemeinsames Vokabular für Bedürfnisinterpretationen, in dem die Beteiligten ihre subjektiven Erlebnisse, vor allem Wünsche und Gefühle, öffentlich zugänglich und reziprok zurechenbar machen können. Die kommunikative Alltagspraxis ist, mit anderen Worten, in einen lebensweltlichen Kontext eingebettet, der durch kulturelle Überlieferungen, institutionelle Ordnungen und sozialisierte Innenwelten bestimmt ist. Die Interpretationsleistungen zehren von einem lebensweltlichen Konsensvorschuß.[15] Deshalb wachsen pro Handlungseinheit Verständigungsaufwand und Dissensrisiko, je weniger die kommunikativ Handelnden auf einen solchen lebensweltlichen Konsensvorschuß zurückgreifen können und je mehr sie sich auf ihre *eigenen* Interpretationsleistungen verlassen müssen. In gleichem Maße wird ein Rationalitätspotential sprachlicher Verständigung entbunden, das sich darin ausdrückt, daß das kommunikativ erzielte Einverständnis (und der kommunikativ geregelte Dissens) von der intersubjektiven Anerkennung kritisierbarer Geltungsansprüche abhängt.

Das Rationalisierungspotential sprachlicher Verständigung muß in dem Maße aktualisiert werden, wie der lebensweltliche Kontext, in den kommunikatives Handeln eingebettet ist, problematisch wird. Der Rationalitätsdruck, den die problematisierte Lebenswelt auf den Verständigungsmechanismus ausübt, erhöht sowohl den Verständigungsbedarf, den Interpretationsaufwand und das (mit der Inanspruchnahme von Kritikfähigkeiten steigende) Dissensrisiko. Diese Anforderungen und Gefahren können durch Medien verringert werden, die in speziellen Kontexten Sprache als Informationsmedium, vor allem als Koordinierungsmechanismus ersetzen: »Instead of negotiating to consensus ad idem on all four elements of action ... men rely on symbols »promising« the experience of meaning as a statistical probability over many acts. They are freed from the efforts to negotiate basics all the time.«[16] Medien wie Geld oder Macht können die Kosten von Dissensrisiken einsparen, weil sie die Handlungskoordinierung von sprachlicher Konsensbildung abkoppeln und gegenüber der Alternative von Einverständnis oder fehlgeschlagener Verständigung neutralisieren.

So dürfen Medien nicht als eine funktionale Spezifizierung von Sprache verstanden werden, sondern als Ersatz für spezielle Sprachfunktionen. Allerdings dient die Sprache den Medien in gewisser Weise auch als Modell. Einige Merkmale, z. B. die symbolische Verkörperung von semantischen Gehalten oder die Struktur von Anspruch und Einlösung, ahmen die Medien nach; andere Strukturmerkmale, vor allem die rationale Binnenstruktur einer Verständigung, die in der Anerkennung kritisierbarer Geltungsansprüche terminiert und die Einbettung der Interaktion in den lebensweltlichen Kontext eines geteilten kulturellen Wissens, geltender Normen und zurechenbarer Motivationen erfordert, streifen sie ab. Die Umstellung der Handlungskoordinierung von Sprache auf Medien bedeutet auch eine Abkopplung der Interaktion von lebensweltlichen Kontexten.

Luhmann spricht in diesem Zusammenhang von einer *Technisierung der Lebenswelt*; damit meint er die »Entlastung sinnverarbeitender Prozesse des Erlebens und Handelns von der Aufnahme, Formulierung und kommunikativen Explikation aller Sinnbezüge, die (im lebensweltlichen Kontext verständigungsorientierten Handelns, wie wir hinzufügen können) impliziert sind.«[17] Mediengesteuerte Interaktionen können sich in Raum und Zeit zu immer komplexeren Netzen verknüpfen, ohne daß diese Netzbildung überschaut und verantwortet werden müßte, sei es auch nur in terms eines kollektiv geteilten kulturellen Wissens. Wenn Zurechnungsfähigkeit heißt, daß man sein Handeln an kritisierbaren Geltungsansprüchen orientieren kann, dann bedarf eine von kommunikativ erzieltem Konsens abgehangene Handlungskoordinierung keiner zurechnungsfähigen Interaktionsteilnehmer mehr. Das ist freilich nur die eine Seite. Die Entlastung der Interaktion von Ja/Nein-Stellungnahmen zu kritisierbaren Geltungsansprüchen, die die Aktoren selber vertreten und einander verantwortlich zurechnen, erweitert auf der anderen Seite auch die Freiheitsgrade erfolgsorientierten Handelns: »Codierung und Symbolisierung entlasten das Bewußtsein und steigern damit die Fähigkeit, sich an Kontingenzen zu orientieren.«[18] Diesen Aspekt hatte Max Weber im Auge, als er die Entstehung von kapitalistischer Wirtschaft und moderner Staatsverwaltung, von Subsystemen also, die Parsons zufolge erst über die Medien Geld und Macht ausdifferenziert werden konnten, unter dem Begriff einer Institutionalisierung zweckrationalen Handelns brachte.

Ich will nun, und zwar zunächst auf *handlungstheoretischer Ebene*, der Frage nachgehen, wie ein Medium beschaffen sein muß, wenn die Umstellung des kommunikativen Handelns auf mediengesteuerte Interaktion die Lebenswelt in dem Sinne technisieren soll, daß sich Aufwand und Risiko sprachlicher Konsensbildungsprozesse bei gleichzeitig wachsenden Chancen zweckrationalen Handelns erübrigen. Die exemplarischen Merkmale liest Parsons am Geldmedium ab.

a) *Strukturelle Merkmale*. Geld hat die Eigenschaften eines Codes, mit dessen Hilfe Informationen vom Sender zum Empfänger übertragen werden können. Das Geldmedium erlaubt die Erzeugung und Vermittlung symbolischer Ausdrücke mit eingebauter Präferenzstruktur. Sie können den Empfänger über ein Angebot informieren und ihn zu dessen Annahme veranlassen. Da aber diese Akzeptanz nicht auf der affirmativen Stellungnahme zu ei-

nem kritisierbaren Geltungsanspruch beruhen darf, sondern nach einer von Konsensbildungsprozessen unabhängigen Automatik verlaufen soll, gilt der Mediencode nur
- für eine gut abgrenzbare Klasse von Standardsituationen,
- die durch eindeutige Interessenlagen in der Weise definiert ist,
- daß die Handlungsorientierungen der Beteiligten durch einen generalisierten Wert festgelegt sind;
- daß sich Alter grundsätzlich zwischen zwei alternativen Stellungnahmen entscheiden kann;
- daß Ego diese Stellungnahmen durch Offerten steuern kann;
- daß die Aktoren nur an den Konsequenzen von Handlungen orientiert sind und die Freiheit haben, ihre Entscheidungen von einer Kalkulation des Handlungserfolges abhängig zu machen.

Im exemplarischen Falle des Geldes ist die *Standardsituation* durch den Vorgang des Gütertausches definiert. Die Tauschpartner folgen wirtschaftlichen *Interessen*, indem sie bei der Verwendung knapper Ressourcen für alternative Zwecke das Verhältnis von Aufwand und Ertrag zu optimieren suchen. Dabei ist Nutzen der *generalisierte Wert*, wobei generalisiert heißen soll, daß er alle am Geldverkehr teilnehmenden Aktoren überall und jederzeit in gleicher Weise bindet. Der Geld-Code *schematisiert* mögliche Stellungnahmen von Alter in der Weise, daß dieser Egos Tauschangebot entweder annimmt oder ablehnt und damit einen Besitz erwirbt oder auf dessen Erwerb verzichtet. Unter diesen Bedingungen können Tauschpartner durch ihre Angebote ihre *Stellungnahmen* wechselseitig konditionieren, ohne sich auf die Kooperationsbereitschaft verlassen zu müssen, die im kommunikativen Handeln vorausgesetzt wird. Erwartet wird von den Aktoren vielmehr eine objektivierende Einstellung zur Handlungssituation und eine rationale Orientierung an Handlungskonsequenzen. *Rentabilität* bildet den Maßstab, nach dem der Erfolg kalkuliert werden kann. Durch die Umstellung auf mediengesteuerte Interaktionen gewinnen die Aktoren neue Freiheitsgrade.[19]

b) *Qualitative Eigenschaften.* Freilich kann das Medium seine Funktionen aufgrund eines geeigneten Mediencodes allein nicht erfüllen; das Medium selbst muß bestimmte Eigenschaften aufweisen. Die von ihm repräsentierten Werte müssen so beschaffen sein,
- daß sie gemessen,

– in beliebigen Größenordnungen veräußert und
– gespeichert
werden können. Diese Bedingungen ergeben sich trivialerweise aus der Forderung, daß Ego in einer mediengesteuerten Interaktion auf die Entscheidungen von Alter zweckrational muß einwirken können, wobei das Medium das einzige zulässige Mittel der Einwirkung darstellt und gleichzeitig den Maßstab für den Erfolg der Einwirkung liefert. Parsons wählt die Formulierung, das Medium sei »measure and store of value.«

Während eine sprachliche Äußerung nur im Verhältnis zum kontextabhängigen Informationsstand des Senders einen meßbaren Informationswert erhält, müssen Medien meßbare Wertmengen verkörpern, auf die sich zu einem gegebenen Zeitpunkt alle Teilnehmer als eine objektive Größe beziehen können. Und während der semantische Gehalt einer sprachlichen Äußerung nicht von einzelnen Aktoren *ausschließlich* angeeignet werden kann (es sei denn, daß Exklusivität mit Hilfe besonderer Kommunikationsbarrieren hergestellt würde), müssen Medien Wertmengen verkörpern, die in variablen Größenordnungen in Besitz genommen werden können, von einer Hand in die andere übergehen, kurz: zirkulieren können. Schließlich müssen die von Medien verkörperten Wertmengen in Banken deponiert werden können, Kreditschöpfung erlauben und nach dem von Schumpeter vorgeschlagenen Modell von Unternehmern investiert werden können – eine Eigenschaft, die der Sprache ebenfalls nicht zukommt.

c) *Struktur von Anspruch und Einlösung.* Das Phänomen des »banking« leitet zu einem weiteren Aspekt über. Geld ist weder eine Ware noch ein Produktionsfaktor, es ist vielmehr ein symbolischer Ausdruck für Wertmengen, und hat als Medium keinen ihm selbst innewohnenden, intrinsischen Wert. In dieser Hinsicht unterscheidet es sich nicht vom Medium der Sprache. Auch in kommunikativen Äußerungen drücken wir Wissen aus, ohne daß die symbolischen Verkörperungen selbst dieses Wissen *sind*. Nun soll das Geldmedium die Sprache nicht nur in ihrer Informations-, sondern vor allem ihrer Koordinationsleistung ersetzen. Diese wird im kommunikativen Handeln dadurch erreicht, daß Ego mit seiner Äußerung einen kritisierbaren Geltungsanspruch erhebt und Alter zur Annahme dieses Anspruchs motiviert. Ego stehen für diese Aufgabe keine anderen Mittel zur Verfügung als Gründe, mit denen er nötigenfalls den Geltungsanspruch einzulösen versucht, um Alter zu einer Ja-Stellungnahme zu bewegen. Seine handlungskoordinierende Kraft verdankt das kommunikative Handeln im idealtypischen Fall kritisierbaren Geltungsansprüchen, die durch Gründe eingelöst werden können und die, sobald sie intersubjektiv anerkannt sind, einen Konsens tragen. Der *reale Wert* der Verständigung besteht also in einem kommunikativ herbeigeführten Einverständnis, das sich an Geltungsansprüchen bemißt und durch potentielle Gründe (Gründe, die gegebenenfalls angeführt werden könnten) *gedeckt* ist.

Das Geldmedium bildet diese Struktur von Anspruch und Einlösung ab. Die durch den Code festgelegten nominellen Ansprüche, die in Tauschwerten ausgegeben werden, können in realen Gebrauchswerten *eingelöst* werden und sind durch Reserven besonderer Art, normalerweise Gold, gedeckt. Die Unterschiede zwischen Sprach- und Geldmedium sind freilich nicht zu verkennen. Im einen Fall sind die »Sicherheiten« Gründe, die dank ihrer internen Beziehungen zu möglichem Einverständnis eine *rational motivierende* Kraft entfalten, im anderen Fall Goldbestände, die dank ihrer externen Beziehung zu Gebrauchswerten als Chancen der Bedürfnisbefriedigung eine *empirisch motivierende* Kraft haben. Ferner ist die Sprache ein Medium, das keiner weiteren Beglaubigung bedarf, weil sich die kommunikativ Handelnden in ihr immer schon vorfinden, zu ihr eine Alternative gar nicht haben, während Geld ein Medium darstellt, das nicht schon durch sein bloßes Funktionieren hinreichendes »Systemvertrauen« weckt, sondern einer institutionellen Verankerung bedarf.

Dieser Punkt ist von größerer Tragweite. Der Muttersprache können wir (wenn wir von Grenzfällen wie mystischer Erfahrung oder kreativer Spracherneuerung absehen) nicht mißtrauen. Denn über das Medium sprachlicher Konsensbildung laufen kulturelle Überlieferung und Sozialisation ebenso wie die gesellschaftliche Integration; und als Medium der gesellschaftlichen Integration kann die Sprache nur funktionieren, wenn das kommunikative Handeln in lebensweltliche Kontexte eingebettet bleibt. Hingegen funktioniert das Geldmedium in der Weise, daß die Interaktion von diesen lebensweltlichen Kontexten abgelöst wird. Diese *Ent*koppelung macht eine förmliche *Rück*koppelung an die Lebenswelt nötig; das erklärt die privatrechtliche Normierung des Geldes durch Eigentum und Vertrag.

d) Auf den systembildenden Effekt, den das Geldmedium unter

bestimmten evolutionären Bedingungen haben kann, will ich nicht eingehen, obwohl die Entstehung des kapitalistischen Wirtschaftssystems *das* große historische Phänomen ist, an dem sich auch die medientheoretische Diskussion entzündet hat. Wichtige Indikatoren für eine gelungene Subsystembildung sind
- einerseits die krisenhaften Schwankungen im quantitativen Verhältnis der vom Medium verkörperten Wertungen und der durch sie vertretenen Realwerte (also die Dynamik von Inflation und Deflation);
- andererseits die reflexive Aufstufung des Mediums, die beispielsweise Kapitalmärkte ermöglicht.

In unserem Zusammenhang ist ein anderer Aspekt wichtiger. Ein gesellschaftliches Subsystem wie die Wirtschaft kann über das Medium Geld ausdifferenziert werden, wenn Märkte und Organisationsformen entstehen, die den systeminternen Verkehr, aber vor allem den Verkehr mit den relevanten Umwelten unter monetäre Kontrolle bringen. Die Austauschbeziehungen mit den privaten Haushalten einerseits und dem administrativen System andererseits werden, was sich an evolutionären Innovationen wie Lohnarbeit und Steuerstaat zeigt, monetarisiert. Freilich fordert diese monetäre Regulierung der Außenbeziehungen nicht notwendig eine *doppelte* Relationierung im Sinne eines Austausches von Paaren von Faktoren und Produkten, der über zwei verschiedene Medien läuft. Wenn Macht ein Medium wie Geld darstellt, lassen sich die Beziehungen zwischen Ökonomie und Politik zwar nach dem Parsonianischen Modell als *doppelter* Austausch konzipieren. Aber für die Beziehung zwischen der Ökonomie und dem Bereich privater Haushalte ist keineswegs ausgemacht, daß die Arbeitskraft, die gegen Lohn getauscht wird, über ein nicht-monetäres Medium wie Wertbindung in das Wirtschaftssystem eingeht.

Der Ausgangspunkt der gesamten Kapitalismuskritik ist schließlich die Frage, ob die Umstellung vorbürgerlicher, normativ organisierter Arbeitsbeziehungen auf das Medium Geld, ob also die Monetarisierung der Arbeitskraft einen Eingriff in Lebensverhältnisse und Interaktionsbereiche bedeutet hat, die selber nicht medienförmig integriert sind und auch nicht schmerzlos, d. h. ohne sozialpathologische Auswirkungen, von Strukturen verständigungsorientierten Handelns abgehangen werden können. Für die Ausbildung eines mediengesteuerten Subsystems scheint es zu genügen, daß Grenzen entstehen, über die hinweg ein einfacher, über *ein* Medium gesteuerter Austausch mit *allen* Umwelten stattfinden kann. Dadurch wird in den Interaktionsbereichen, die für das mediengesteuerte Subsystem Umwelten bilden, eine Umstellung ausgelöst: das fremde Medium hat, wie das Beispiel der monetarisierten Arbeitskraft zeigt, gewissermaßen einen Appropriationseffekt. Parsons hat die Vorstellung, daß die Umwelten auf diese Herausforderung in der Weise reagieren, daß sie sich selbst zu einem mediengesteuerten Subsystem umgestalten, um den Austausch auch von ihrer Seite auf Medienniveau zu heben. Ich vermute hingegen, daß Verständigung als Mechanismus der Handlungskoordinierung in den Lebensbereichen, die Funktionen der kulturellen Reproduktion und der sozialen Integration erfüllen, zwar kommunikationstechnologisch erweitert, organisatorisch vermittelt und *rationalisiert*, aber nicht durch Medien ersetzt und damit *technisiert* werden kann.

3) Parsons hat das Medienkonzept als erstes auf den Begriff der Macht ausgedehnt. Ich werde einerseits die strukturellen Analogien zwischen Geld und Macht, die eine solche Verallgemeinerung rechtfertigen, anführen, andererseits die Unterschiede untersuchen, um die Medieneigenschaften herauszufinden, die einer Institutionalisierung günstig sind. Die beiden weiteren Medien, die Parsons auf der Ebene des sozialen Systems einführt, Einfluß und Wertbindung, dienen nur als Testfall für das Ergebnis dieses Medienvergleichs.

Als Medium betrachtet, stellt Macht die symbolische Verkörperung von Wertmengen dar, ohne daß ihr selbst ein intrinsischer Wert zukommt. Macht besteht weder in effektiven Leistungen noch in der Anwendung physischer Gewalt. Auch das Machtmedium spiegelt die Struktur von Anspruch und Einlösung. Die durch den Code festgelegten nominellen *Ansprüche auf Folgebereitschaft für bindende Entscheidungen* können in Realwerten eingelöst werden und sind durch Reserven besonderer Art gedeckt. Dem ›Tauschwert‹ Macht entspricht, wenn wir Parsons folgen, als ›Gebrauchswert‹ die Verwirklichung kollektiver Ziele; als Deckung dient die Disposition über Zwangsmittel, die zur Androhung von Sanktionen oder zur Anwendung direkter Gewalt eingesetzt werden können.[20]

Den Machtcode können wir wie den Geldcode (vgl. 2a) durch eine Reihe von strukturellen Merkmalen charakterisieren. Der

Code gilt für die Standardsituation der Befolgung von Weisungen. Deutlicher als im Falle der Interaktion zwischen Tauschpartnern wird hier unterstellt, daß Ego und Alter, Machthaber und Machtunterworfener, einem Kollektiv angehören. Machtinteressen sind nämlich durch die Absicht definiert, Leistungspotentiale für die Erreichung von kollektiv erwünschten Zielen zu mobilisieren. Wie Nutzen im Falle des Geldes, so ist hier Effizienz der Zielverwirklichung der generalisierte Wert. Der Macht-Code schematisiert mögliche Stellungnahmen von Alter in der Weise binär, daß sich dieser Egos Anweisung entweder unterwerfen oder widersetzen kann; mit der von Ego für den Fall der Nichtausführung in Aussicht gestellten Sanktion für Alter ist in den Code eine Gehorsamspräferenz eingebaut. Unter diesen Bedingungen kann der Machthaber die Stellungnahme des Machtunterworfenen konditionieren, ohne auf dessen Kooperationsbereitschaft angewiesen zu sein. Von beiden Seiten wird eine objektivierende Einstellung zur Handlungssituation und eine Orientierung an möglichen Handlungskonsequenzen erwartet. Für den Machthaber ist ein rentabilitätsanaloger Maßstab vorgesehen, anhand dessen er den Erfolg seiner Entscheidungen kalkulieren kann; Parsons schwankt zwischen ›souvereignty‹ und ›success‹, jene eher ein Standard für den Erwerb und die Erhaltung von Macht, dieser ein Standard für den Einsatz von Macht.

Das Machtmedium soll nicht nur eine gewisse Automatik in der Fortsetzung von Interaktionen sichern, sondern für Machthaber (und Machtkonkurrenten) neue Freiheitsgrade rationaler Wahl schaffen. Die im Code festgelegten und im Medium verkörperten Ansprüche, für bindende Entscheidungen Folgebereitschaft zu finden, bilden freilich eine Wertmasse, die nicht in demselben Maße wie Tauschwerte manipuliert werden kann. Das zeigt sich schon daran, daß ein dem Geld äquivalentes Zeichensystem nicht zur Verfügung steht. Es gibt eine diskrete Mannigfaltigkeit von Machtsymbolen, die von Uniformen und Herrschaftsemblemen bis zum Amtssiegel und zur Unterschrift eines Zeichnungsberechtigten reichen, aber nichts, was sich unter syntaktischen Gesichtspunkten mit Preisen vergleichen ließe. Damit hängt das Problem der Meßbarkeit zusammen. Eine Quantifizierung von Macht ist nicht möglich, aber auch die nicht-numerische Zuordnung von Maßeinheiten zu politischen Wertgrößen ist schwierig. Als Substitut für genauere Machtmessungen dient die hierarchische Anordnung von formellen Entscheidungskompetenzen, überhaupt der Rückgriff auf Statusordnungen. Wie man aus der Alltagserfahrung und aus empirischen Untersuchungen weiß, führen diese Indikatoren oft irre.

Weiterhin ist Macht zwar eine Größe, die veräußert werden kann, aber sie kann nicht so unbeschränkt zirkulieren wie Geld. Natürlich kann Macht nur deshalb die Gestalt eines Mediums annehmen, weil sie nicht an bestimmten Machthabern und an praktikularen Kontexten haften bleibt. Gleichwohl wohnt ihr die Tendenz inne, sich mit der Person des Mächtigen und dem Kontext der Machtausübung stärker symbiotisch zu verbinden als Geld mit der Person des Reichen und seinem Geschäft. Der Amtsbonus, den der Regierungschef in Wahlkämpfen genießt, kann den Sachverhalt illustrieren.

Schließlich läßt sich Macht auch nicht so zuverlässig deponieren wie Bankeinlagen. Wohl bestehen Analogien; beispielsweise läßt sich der Wählerauftrag an die Führung einer Partei, für eine Amtszeit die Regierung zu übernehmen, als ein institutionalisiertes Verfahren, Macht zu deponieren, deuten. Aber der deponierten Macht scheint die Tendenz innezuwohnen, zu degenerieren, und zwar nicht nur in dem Sinne, wie der Wert eines Kapitals, mit dem man nicht arbeitet, verfällt. Die Regierung muß mit ihrem Machtdepositum nicht nur wirtschaften, sie muß ihre Macht durch gelegentliche Aktualisierung und Machtkonfrontation frisch halten, sie muß sich durch Machttests ihrer Macht vergewissern. Außenpolitische Erfolge für den innenpolitischen Gebrauch sind ein Beispiel für diese demonstrative Verwendung von Macht, die nötig ist, weil sich der Machthaber nicht wie der Inhaber einer Bank der Verfügung über sein Depositum sicher sein kann.

Geld und Macht unterscheiden sich in den Eigenschaften der Meßbarkeit, Zirkulationsfähigkeit und Deponierbarkeit nicht so stark, daß dadurch das Medienkonzept der Macht völlig entwertet würde. Berechtigt ist aber die komparative Feststellung, daß Macht sich nicht so gut kalkulieren läßt wie Geld.

Unterschiede bestehen auch im Hinblick auf die Systemeffekte der Macht. In diesem Bereich sind die aus der Ökonomie bekannten Erscheinungen der Mediendynamik nicht so klar ausgeprägt, daß sich Machtinflationen und -deflationen anhand empirischer Regelmäßigkeiten studieren ließen. Außerdem führt die Aufstufung des Mediums in beiden Bereichen zu entgegengesetzten Konsequenzen. Während die Finanzierung von Geld ein Mechanismus ist, der in der Regel die Eigenkomplexität des Wirtschaftssystems steigert, ist die Übermächtigung der Macht ein Mechanismus, der Gegenmacht erzeugt und das Machtsystem in der Regel entdifferenziert.[21]

Aus dem Medienvergleich ergibt sich also eine Reihe bemerkenswerter Unterschiede. Können die Unterschiede damit erklärt werden, daß das Machtmedium nur noch nicht hinreichend institutionalisiert worden ist, obwohl es unter günstigeren Ausgangsbedingungen besser institutionalisiert werden könnte; oder müssen sie darauf zurückgeführt werden, daß die Machtbeziehung selbst strukturelle Sperren gegen eine weiterreichende Institutionalisierung enthält? In dieser Frage empfiehlt sich ein Vergleich der normativen Verankerungen beider Medien in der Lebenswelt.

Geld wird über Institute des bürgerlichen Privatrechts wie Eigentum und Vertrag, Macht über die öffentlich-rechtliche Organisation von Ämtern institutionalisiert. Auffällig sind zwei Differenzen: die erste (a) ist von Parsons unter dem Stichwort des hierarchischen Aspekts der Ämterorganisation behandelt worden; die zweite (b) betrifft den legitimatorischen Aspekt.

ad a) Das Recht, Geld zu besitzen, impliziert den Zugang zu Märkten, auf denen Transaktionen möglich sind; das Recht, Macht *auszuüben*, impliziert in der Regel das Innehaben einer Stelle im Rahmen einer Organisation, in der Machtverhältnisse hierarchisch geordnet sind. Anders als Geld kann Macht nur über Organisationen auf Dauer gestellt und für Ziele eines Kollektivs eingesetzt werden. Anders als Eigentumsrechte bedürfen Weisungsgewalten einer Organisation, die über Stellen und Programme den Fluß bindender Entscheidungen kanalisiert.[22]

Daß Macht nur als *organisierte Macht* gesellschaftlich relevant *ausgeübt* werden kann, ist ein Umstand, der die verschiedenen evolutionären Pfade der Medien Geld und Macht beleuchtet. Geld ist bereits unter primitiven Bedingungen, also lange bevor es subsystembildende Effekte hat, ein zirkulierendes Medium. Hingegen tritt Macht, bevor sie unter modernen Bedingungen legaler Herrschaft und rationaler Verwaltung zu einem begrenzt zirkulierenden Medium ausdifferenziert wird, in der Gestalt von positionengebundener Amtsautorität auf. Macht ist nicht wie Geld »von Haus aus« ein zirkulierendes Medium.

ad b) Damit komme ich zu der wichtigeren Differenz. Macht bedarf nicht nur wie Geld einer Deckung (in Form von Gold oder Zwangsmitteln); sie bedarf nicht nur wie Geld einer rechtlichen Normierung (in Gestalt von Eigentumsrechten oder Amtsinhaberschaft); Macht bedarf noch einer *weiteren* Vertrauensgrundlage, nämlich der Legitimation. Im Falle des Geldes fehlt dafür eine strukturelle Analogie. Wohl ist die Privatrechtsordnung gegen Konflikte noch einmal durch Rechtsprechung und Strafvollzug abgesichert. Das gilt aber für das öffentliche Recht gleichermaßen. Und sobald sich Konflikte über bestimmte Eigentumsverhältnisse zu einem Konflikt über die Grundlagen der privatrechtlichen Eigentumsordnung selbst ausweiten, handelt es sich um eine Frage der Legitimität der Rechtsordnung, die als Bestandteil der politischen Ordnung betrachtet wird. Natürlich hat Parsons der Tatsache, daß Macht legitimationsbedürftig ist, Rechnung getragen; der intersystemische Austausch sieht vor, daß das politische System Legitimationen als Produktionsfaktor aus dem System der kulturellen Reproduktion bezieht. Aber auf der analytischen Ebene des Medienvergleichs, speziell eines Vergleichs der Institutionalisierung von Geld und Macht, übergeht Parsons die Asymmetrie, die darin besteht, daß Vertrauen in das Machtsystem *auf einer höheren Stufe* gesichert werden muß als Vertrauen ins Geldsystem. Die Institute des bürgerlichen Privatrechts sollen das Funktionieren des über Märkte geleiteten Geldverkehrs in derselben Weise sichern wie die Ämterorganisation die Machtausübung. Diese verlangt aber *darüber hinaus* einen Vertrauensvorschuß, der nicht nur compliance, die tatsächliche Befolgung der Gesetze, sondern obligation, die auf der Anerkennung normativer Geltungsansprüche beruhende Verpflichtung bedeutet. An *diese* Asymmetrie knüpfen sich seit jeher die sozialistischen Bedenken gegen die privatrechtlich gesicherte Organisationsmacht von Kapitaleigentümern.

Die Erklärung dieser Asymmetrie scheint mir bei den Bedingungen zu liegen, unter denen Medien überhaupt institutionalisiert werden können. Warum Macht legitimationsbedürftig ist und damit eine anspruchsvollere normative Verankerung verlangt als Geld, kann man sich an den zugrundeliegenden Standardsituationen klar machen. Während die Tauschbeziehung keinen der Beteiligten strukturell benachteiligt und der Tauschvorgang, wie wir sagen, im beiderseitigen Interesse liegt, ist der Weisungsgebundene gegenüber dem Machthaber strukturell benachteiligt, weil sich dieser auf die Möglichkeit stützt, dem Ungehorsamen Schaden zuzufügen – erforderlichenfalls kann er Alternativen, die der Machtunterworfene noch mehr scheut als die Ausführung der Weisung, realisieren. Diese in der Standardsituation angelegte und in den Machtcode eingehende *Benachteiligung der einen Seite* kann allerdings durch den Bezug auf kollektiv erwünschte Ziele kompensiert werden. Da aber der Machthaber seine Definitionsgewalt ausnutzen und festsetzen kann, welche Ziele als kollektiv zu gelten haben, ist ein Ausgleich der strukturellen Benachteiligung nur dadurch wettzumachen, daß die Machtunterworfenen die Möglichkeit erhalten, die definierten Ziele unter normativen Gesichtspunkten zu prüfen und entweder zu bestätigen oder zu verwerfen; sie müssen bestreiten können, daß die gesetzten Ziele kollektiv erwünscht sind oder, wie wir sagen, im allgemeinen Interesse liegen. Erst der Bezug auf *legitimationsfähige* kollektive Ziele stellt in der Machtbeziehung das Gleichgewicht her, das in der idealtypischen Tauschbeziehung von vornherein angelegt ist.

Während nun die Interessenbeurteilung im Falle des Tauschvorgangs keiner Verständigung unter den Tauschpartnern bedarf, erfordert die Frage, was im *allgemeinen* Interesse liegt, eines Konsenses unter den Angehörigen eines Kollektivs – gleichviel ob dieser normative Konsens durch Überlieferung schon gesichert ist oder durch Verständigungsprozesse herbeigeführt werden muß. In jedem Fall liegt die Bindung an sprachliche Konsensbildung, die allein durch potentielle Gründe gedeckt ist, auf der Hand. Diese Bindung läßt Macht für die Rolle eines Mediums, das vom Aufwand und Risiko sprachlicher Konsensbildung entlasten soll, weniger geeignet erscheinen als Geld, das keiner Legitimation bedarf.

Die Ergebnisse des Medienvergleichs zwischen Geld und Macht möchte ich in drei Thesen zusammenfassen:

1. Die symbolisch verkörperten Wertmengen, die in Tauschwerten oder bindenden Entscheidungen ausgegeben werden, sind durch Reserven von Gold oder Zwangsmitteln gedeckt und können in Form sei es von Gebrauchswerten oder einer jeweils effektiven Verwirklichung kollektiver Ziele eingelöst werden. Sowohl die Deckungsreserven wie die realen Werte sind so beschaffen, daß sie eine empirisch motivierende Kraft haben und eine rationale Motivation durch Gründe *ersetzen* können.

ii. Geld und Macht sind manipulierbare Größen, gegenüber denen die Aktoren eine objektivierende und unmittelbar am eigenen Erfolg orientierte Einstellung einnehmen können; Geld und Macht lassen sich kalkulieren und sind auf zweckrationales Handeln zugeschnitten. Daher muß die Möglichkeit bestehen, die Deckungsreserven zu bewegen, zu konzentrieren, unter Verschluß zu halten. Weitere Bedingungen sind ferner die Meßbarkeit, Zirkulationsfähigkeit und Deponierbarkeit der in den Medien verkörperten Wertungen. Freilich bestehen in dieser Hinsicht graduelle Unterschiede: Macht läßt sich weniger gut messen, weniger flexibel entäußern und weniger sicher deponieren als Geld.

iii. Diese Differenzen habe ich damit erklärt, daß das Geldmedium über die rechtliche Institutionalisierung zwar mit der kommunikativ strukturierten Lebenswelt rückgekoppelt wurde, aber nicht, wie das legitimationsbedürftige Machtmedium, von sprachlichen Konsensbildungsprozessen *abhängig* bleibt.

Aus diesem Vergleich von Medieneigenschaften lassen sich Bedingungen für eine optimale Institutionalisierung von Medien ableiten: Realwerte und Deckungsreserven müssen so beschaffen sein, daß sie eine empirisch motivierende Kraft haben. Eine physische Kontrolle von Deckungsreserven muß möglich sein. Die Medien müssen gemessen, entäußert und deponiert werden können. Durch die normative Verankerung der Medien darf kein neuer Kommunikationsaufwand entstehen, dürfen keine neuen Dissensrisiken verursacht werden. Dem folgenden Schema ist zu entnehmen, daß die Medien, die Parsons unter dem Namen Einfluß und Wertbindung einführt, diesen Bedingungen nicht genügen (s. Seite 93).

Wenn man den Vorschlag, das Medienkonzept auf Einfluß und Wertbindung anzuwenden, an unserem intuitiven Verständnis mißt, ist die erste Reaktion eigentümlich zwiespaltig. Er hat prima facie eine gewisse Plausibilität. Personen und Institutionen können über eine Art von Ansehen verfügen, das ihnen erlaubt, mit Erklärungen auf die Überzeugungen anderer, auch auf die kollektive Meinungsbildung Einfluß zu nehmen, ohne im einzelnen Gründe darzulegen oder Kompetenzen nachzuweisen. Einflußreiche Instanzen treffen bei ihrem Klientel auf die Bereitschaft, sich belehren zu lassen. Die Äußerungen des Einflußreichen sind nicht durch ein Amt autorisiert, aber sie wirken dank einer Überzeugungskraft, die Konsens herbeiführt, autoritativ. Ähnliches gilt für die moralische Autorität von Führern oder Führungsgremien, die in der Lage sind, mit Ermahnungen die Bereitschaft hervorzurufen, konkrete Verpflichtungen zu übernehmen, ohne im einzelnen Gründe anzuführen oder Legitimationen nachzuweisen. Auch ihre Äußerungen sind nicht autorisiert, wirken aber dank ihrer kritisch-appellativen Kraft, die ein Engagement weckt, autoritativ. In beiden Fällen handelt es sich um generalisierter Formen Kommunikation.

Andererseits ist es nicht plausibel, Einfluß und Wertbindung mit Geld und Macht auf eine Stufe zu stellen; sie lassen sich nämlich keineswegs wie Geld und Macht kalkulieren. Ein strategischer Umgang mit Einfluß und moralischen Verpflichtungen ist erst dann möglich, wenn diese *wie* ein Geld- oder Machtdepositum behandelt werden – *wenn man also von nicht-manipulierbaren Gütern einen manipulativen Gebrauch macht.* Natürlich kann man Einfluß und Wertbindung folgendermaßen als Medien *deuten.* Die vom Medium verkörperte Wertmasse wird in nominellen Ansprüchen, eben autoritativen Erklärungen und Ermahnungen ausgegeben; diese können in Realwerten wie Begründungen oder Rechtfertigungen eingelöst werden und sind durch Reserven wie ein gemeinsamer kultureller Wissensvorrat und Lebensstil bzw. verinnerlichte und intern sanktionierte Werte gedeckt. Aber eine solche Interpretation hat etwas Gezwungenes. Gehen wir die oben genannten Institutionalisierungsbedingungen für Medien in umgekehrter Reihenfolge durch.

Offensichtlich fehlen Institutionen, die, wie Eigentum und Amt, eine wohlumschriebene normative Verankerung von Einfluß und Wertbindung gestatten. Die dafür eingesetzten Begriffe »Prestigeordnung« und »moralische Führung« drücken eher eine Verlegenheit aus, weil sie kaum eine Differenz zwischen dem Medium selbst und seiner Institutionalisierung zulassen: Einfluß können wir ungefähr mit »Prestige« oder »Reputation«, Wertbindung mit »moralischer Autorität« übersetzen. Interessanterweise ist der Besitz von Prestige und moralischer Autorität in entwickelten Gesellschaften, in denen diese Medien, wenn sie Medien im Parsonschen Sinne darstellten, doch am weitesten ausdifferenziert sein müßten, weniger klar institutionalisiert als in vormodernen Gesellschaften, wo Prestigeordnungen in der sozialen Schichtung und moralische Führung in sakralen Institutionen gut

| Komponenten / Medien | Standard-Situation | generalisierter Wert | nomineller Anspruch | Rationalitätskriterien | Aktoreinstellung | Realer Wert | Deckungsreserve | Form der Institutionalisierung |
|---|---|---|---|---|---|---|---|---|
| Geld | Tausch | Nutzen | Tauschwerte | Rentabilität | erfolgsorientiert | Gebrauchswert | Gold | Eigentum und Vertrag |
| Macht | Weisung | Effektivität | bindende Entscheidungen | Wirksamkeit (Souveränität) | erfolgsorientiert | Verwirklichung kollektiver Ziele | Zwangsmittel | Ämter Organisationen |
| Einfluß | Belehrung | Loyalität | autoritative Erklärungen (Ankündigungen, Interpretationen, Gutachten) | Zustimmung | verständigungsorientiert | Begründung von Überzeugungen | geteilte kulturelle Überlieferungen und soziale Lebensformen | Prestigeordnungen |
| Wertbindung | moralischer Appell | Integrität | autoritative Ermahnungen (Kritik und Ermutigung) | »Pattern-Consistency« | verständigungsorientiert | Rechtfertigung von Verpflichtungen | gemeinsam internalisierte Werte, innere Sanktionen | moralische Führung |

verankert waren. Ausnahmen bilden das reputationsgesteuerte Wissenschaftssystem, das auf Wissen spezialisiert ist, und im Zusammenhang damit die akademischen Professionen, die hochspezialisiertes Wissen anwenden. Aber dieser Fall belegt gerade nicht die Verankerung von Einfluß im System der sozialen Integration (mit dem Kern einer über Massenmedien hergestellten Öffentlichkeit, in der es in erster Linie um den Einfluß von Publizisten, Parteiführern, Intellektuellen, Künstlern usw. geht).

Ferner ist evident, daß Einfluß und Wertbindung noch schlechter gemessen, entäußert und gespeichert werden können als Macht. Parsons führt den charismatischen Führer als Beispiel für einen Bankier, der Einfluß und moralische Autorität speichert und investiert, an; doch spricht dieses Beispiel eher dafür, daß Medien wie Einfluß und Wertbindung stark an Personen und besonderen Kontexten haften bleiben. Die stets gegenwärtige Gefahr der Veralltäglichung des Charismas ist zudem ein Zeichen dafür, daß die Banken für Einfluß und moralische Autorität noch nicht zuverlässig arbeiten.

Mit der Kontrolle der Deckungsreserven steht es nicht besser. Daß sich ein gemeinsamer kultureller Hintergrund, oder Motive und Schuldgefühle, kasernieren ließen wie Gold oder Waffen, wird man eher für vormoderne Gesellschaften annehmen, in denen Kirchen für die zentrale Verwaltung von Heilsgütern zuständig waren.

Schließlich müssen wir uns klar machen, was es bedeutet, daß die Realwerte und die Deckungsreserven für Einfluß und Wertbindung keine empirisch motivierende Kraft haben. Die Standardsituationen der Belehrung und des moralischen Appells stellen kommunikative Beziehungen dar, spezielle Fälle sprachlicher Konsensbildung; dabei ist freilich die eine Seite mit einem Übergewicht an Kompetenzen (des Wissens, der moralisch-praktischen Einsicht, der Überzeugungskraft und der Autonomie) ausgestattet. Die beiden Situationen enthalten kein Element, das, wie es beim Tausch oder der Weisung der Fall ist, einen am eigenen Erfolg orientierten Alter veranlassen könnte, Egos Offerte anzunehmen. Für konsumierbare Werte und angedrohte Sanktionen steht Ego kein Äquivalent zur Verfügung, auf das er sich stützen könnte, um Alter ohne Rückgriff auf die Ressource Verständigung zur gewünschten Fortsetzung der Interaktion zu bewegen. Bei der Ausübung von Einfluß und bei der Mobilisierung von

Engagement muß die Handlungskoordinierung mit Hilfe derselben Ressourcen bewerkstelligt werden, die aus der sprachlichen Konsensbildung bekannt sind. Als »security-base« dienen ein gemeinsamer kultureller Hintergrund sowie einsozialisierte Wertorientierungen und Verhaltenskontrollen, als »instrinsic satisfyer« Begründungen und Rechtfertigungen, in denen Überzeugungen und Verpflichtungen wurzeln. Allerdings beanspruchen der Einflußreiche und derjenige, der über moralische Autorität gebietet, die Kompetenz des »Eingeweihten«, des Experten in Angelegenheiten des Wissens und der Moral. Deshalb können sie den Mechanismus der Verständigung auf eine höhere Stufe der Abstraktion ziehen; was im kommunikativen Handeln als Dekkung gilt, die potentiellen Gründe, mit denen Ego nötigenfalls seinen Geltungsanspruch gegenüber der Kritik von Alter verteidigen könnte, übernimmt in der über Einfluß und moralische Autorität gesteuerten Interaktion den Stellenwert des realen Wertes, während die Deckungsreserven in den kulturellen und sozialisatorischen Hintergrund verschoben werden.

Diese Überlegung führt mich zu der These, daß Einfluß und Wertbindung zwar Formen generalisierter Kommunikation darstellen, die eine Ersparnis an Interpretationsaufwand und Verständigungsrisiko mit sich bringen, daß sie diesen Entlastungseffekt aber *auf einem anderen Wege* als Geld und Macht erreichen. Sie können Interaktionen vom lebensweltlichen Kontext des geteilten kulturellen Wissens, geltender Normen und zurechenbarer Motivationen nicht abkoppeln, weil sie sich die Ressourcen sprachlicher Konsensbildung zunutze machen müssen. Das erklärt auch, warum sie einer besonderen institutionellen Rückkoppelung an die Lebenswelt nicht bedürfen. Einfluß und Wertbindung sind gegenüber der Alternative von Einverständnis und fehlgeschlagener Verständigung so wenig neutral, daß sie vielmehr mit »Solidarität« und »Integrität« zwei Fälle von Einverständnis, die auf die intersubjektive Anerkennung von kognitiven und normativen Geltungsansprüchen zurückgehen, zum generalisierten Wert erheben. Sie können nicht, wie die Medien Geld und Macht, die Sprache in ihrer Informations- und Koordinationsfunktion ersetzen, sondern durch Abstraktion von lebensweltlicher Komplexität lediglich entlasten. Mit einem Satz: Medien dieser Art können die Lebenswelt nicht technisieren.

4) Ich möchte die *symbolisch generalisierten Kommunikations-*

*medien*, die den Mechanismus sprachlicher Verständigung ablösen und zu einer Technisierung lebensweltlicher Kontexte führen (also Handlungssysteme im Sinne Max Webers »rationalisieren«), von solchen *Medien generalisierter Kommunikation* unterscheiden, die den Mechanismus sprachlicher Verständigung funktional spezifizieren und vereinfachen, dabei aber ihrerseits von einer näher zu erläuternden Rationalisierung der Lebenswelt abhängig bleiben. Ich will an Parsons' Versuch, die Medientheorie handlungstheoretisch zu begründen, anknüpfen; dabei trifft er nämlich eine Unterscheidung, die unsere Gegenüberstellung von Geld/Macht vs. Einfluß/Wertbindung zu berücksichtigen scheint.

Parsons macht den folgenden Vorschlag: »My suggestion is that there is a very simple paradigm of modes by which one acting unit – let us call him Ego – can attempt to get results by bringing to bear on another unit, which we may call Alter, some kind of communicative operation: call it pressure if that term is understood in a nonpejorative sense. It can be stated in terms if two variables. The first variable is whether Ego attempts to work through potential control over the *situation* in which Alter is placed and must act, or through an attempt to have an effect on alter's *intentions*, independently of changes in his situation«.[23]

Ausgangspunkt ist wieder das Problem der Handlungskoordinierung: wie bringt Ego es fertig, daß Alter die Interaktion in gewünschter Wiese fortsetzt, daß kein Konflikt auftritt, der die Handlungssequenz unterbricht? Parsons legt das aus der Lerntheorie bekannte Interaktionsmodell zugrunde, demzufolge zwischen Sender und Empfänger eine Botschaft ausgetauscht wird, die a) ausdrückt, daß der Sender vom Empfänger ein bestimmtes Verhalten erwartet und b) ankündigt, daß der Sender den Empfänger belohnt/bestraft, wenn das erwartete Verhalten eintritt/ausbleibt. Die nach dem Reiz-Reaktionsschema verlaufende Interaktion wird freilich dadurch kompliziert, daß Ego und Alter zielgerichtet handeln können, ihre Handlungssituation im Lichte von Werten, Normen und Zielen interpretieren und dabei Randbedingungen und Ressourcen unterscheiden. Zudem wissen sie voneinander, daß sie über diese Kompetenzen verfügen und daher ihre Handlungen als Resultat einer Entscheidung zwischen Handlungsalternativen verstehen müssen. Jede Entscheidung ist kontingent, hätte auch anders ausfallen können; daher müssen Ego und Alter versuchen, die Freiheit des anderen so zu konditionieren, daß dessen Entscheidungen im eigenen Interesse günstig ausfallen. Wenn man nur die Wahl zwischen positiven und negativen Sanktionen läßt und zwei Kanäle der Einflußnahme, sei es auf Alters Meinungen und Verpflichtungen oder auf seine Situation, freistellt, ergeben sich vier *Konditionierungsstrategien*. Parsons bezeichnet sie als Interaktionsmodi und ordnet ihnen je ein Medium zu:

| Sanktion / Einwirkung auf: | Intention | Situation |
|---|---|---|
| positiv | Überzeugung (Einfluß) | Anreiz (Geld) |
| negativ | Ermahnung (Wertbindung) | Abschreckung (Macht) |

Dieses Schema ist von verschiedenen Seiten kritisiert worden.[24] Mich interessiert vor allem ein Punkt: daß die eigentümliche Asymmetrie zwischen einer strategischen und einer konsensuellen Einflußnahme in diesem Schema stillschweigend in Anspruch genommen und zugleich mit empiristisch angesetzten Begriffen zum Verschwinden gebracht wird.

Die Strategien »Anreiz« und »Abschreckung« lassen sich unter positive (belohnende) und negative (bestrafende) Sanktionen zwanglos subsumieren und zur Charakterisierung von Tausch und Weisung, d. h. derjenigen Standardsituationen verwenden, auf die Parsons die Medien Geld und Macht zurückführt. Das gilt aber nicht für die anderen beiden Strategien: Ego kann sowohl durch Informationen und Erklärungen wie durch kritische Stellungnahmen, sowohl durch Ermutigungen wie durch kritische Ermahnungen auf Alters Meinungen und Verpflichtungen Einfluß gewinnen. J. J. Loubser illustriert das, indem er beiden Strategien gleichzeitig positive wie negative Ausdrücke zuordnet. Positive Überzeugungsstrategien kennzeichnet er durch Verben wie agree, approve, support, assent, recognize usw. negative durch: disagree, disapprove, protest, dissent usw. Für Ermunterungsstrategien nennt er Verben wie praise, encourage, accept usw.; für Ermahnungsstrategien: deplore, blame, discourage usw. Freilich erweckt Loubser den Eindruck, als sei das Problem mit einer differenzierteren Kreuztabellierung gelöst. Tatsächlich läßt sich der Begriff der Sanktion auf Ja-Nein-Stellungnahmen zu kritisierbaren Geltungsansprüchen überhaupt nicht anwenden. Das wird deutlich, wenn wir uns der nächsten Dimension zuwenden und prüfen, worin sich die beiden Strategiepaare Anreiz/Abschreckung und Überzeugung/Ermahnung unterscheiden.

Im ersten Fall interveniert Ego in die Handlungs*situation* von Alter, um diesen zu einer für die Realisierung seiner eigenen Ziele günstigen Entscheidungen zu *veranlassen*. Das kann auf dem Wege instrumentellen Handelns oder mit verbalen Mitteln geschehen, aber stets so, daß Ego ausschließlich an den Konsequenzen seines Handelns orientiert ist. Im anderen Fall muß Ego mit Alter sprechen; ein anderer Weg als der des kommunikativen Handelns steht ihm nicht offen. Ego muß Alter, um *auf dessen Meinungen und Verpflichtungen Einfluß zu nehmen,* von der Existenz von Sachverhalten überzeugen oder ihm klar machen, daß er sich in der gegebenen Situation so oder so verhalten soll; er muß ihn dazu bewegen, den Wahrheitsanspruch, den Ego mit seinen Behauptungen oder den Richtigkeitsanspruch, den Ego mit seinen Empfehlungen erhebt, zu akzeptieren. Deshalb kann er sich nicht ausschließlich an den Konsequenzen seines Handelns orientieren, sondern muß in erster Linie bestrebt sein, einen Konsens herbeizuführen.

Im einen Fall verhält sich Ego erfolgs-, im anderen Fall verständigungsorientiert. Das läßt sich wiederum an den Ausdrücken kontrollieren, die Loubser den beiden Strategiepaaren zuordnet. Während er für die Strategien der Überzeugung und der Ermahnung, wie erwähnt, nur Verben anführt, mit denen performative Sätze vom Typus: »Ich stimme Dir zu, daß p« gebildet werden können, kennzeichnet er die anderen beiden Strategien mit Ausdrücken, die nicht zur Ausführung eines illokutiven Aktes verwendet werden können, sondern allein zur Beschreibung perlokutiver Effekte, die aufseiten eines Hörers ausgelöst werden können: bribe, keep ignorant, withhold, blackmail, threaten, submit usw. Nun gehören Sanktionen zu der Klasse von Handlungen, die Ego um ihrer Wirkung und, wenn sie sprachlicher Art sind, um ihres perlokutiven Effektes willen ausführt. Mit illokutiven Akten, die dazu dienen, daß Ego und Alter eine interpersonale Beziehung aufnehmen, um sich miteinander über etwas zu verständigen, lassen sich Sanktionen nicht ausführen; sie können allenfalls kontingent mit ihnen verbunden sein. Darum passen die als »intentional« beschriebenen Interaktionsmodi der Überzeugung und der Ermahnung, denen Parsons die Medien Einfluß und Wertbindung zuordnet, in eine Klassifikation von Sanktionen nicht hinein.

Wenn wir sagen, daß die Stellungnahme zu einem kritisierbaren Geltungsanspruch, beispielsweise die Zustimmung zu einer Behauptung oder zu einer Empfehlung, durch Sanktionen, durch Belohnung oder Strafe hervorgerufen worden ist, dann bringen wir sie mit dieser Beschreibung unter Kategorien, unter denen der Aktor selbst sein Ja oder Nein nicht ernstnehmen könnte. Das Sanktionenschema kann nur Interaktionsmodi aufnehmen, bei denen Ego Alter *empirisch* zur Fortsetzung der Interaktion bewegt. Eine Motivation durch Gründe kann in diesen kategorialen Rahmen nicht aufgenommen werden; dieser deutet nämlich die Freiheit, die sich durch rationale Motive zur Anerkennung von kritisierbaren Geltungsansprüchen bestimmen läßt, als Kontingenz von Entscheidungen, die konditioniert werden können. Dafür mag es in *anderen* theoretischen Zusammenhängen gute Gründe geben; in unserem Zusammenhang geht es aber um eine Unterscheidung zwischen Medien, die, wie Einfluß und Wertbindung, illokutive Akte erfordern, und solchen Medien, die, wie Geld und Macht, Interaktionen über Egos Eingriffe in die Situation von Alter, also über konsequenzenorientierte Handlungen und perlokutive Effekte steuern. Deshalb schlage ich vor, die Differenzierung, die Parsons auf der handlungstheoretischen Ebene vorschwebt, aber in seinem Sanktionenschema nicht durchführen kann, mit angemesseneren Begriffen vorzunehmen.

Wenn wir von einfachen Interaktionen im Rahmen einer in lebensweltliche Kontexte eingebetteten kommunikativen Alltagspraxis ausgehen und uns danach erkundigen, welche generalisierten Motive Alter haben kann, um auf Egos Interaktionsangebot (im idealisierten Fall auf sein Sprechaktangebot)[25] einzugehen, stoßen wir auf zwei Elemente: auf das Ansehen, das Ego genießt, und den Einfluß, den er ausübt (Ich verwende den Ausdruck ›Einfluß‹ hier in einem medienunspezifischen Sinne). Ansehen wird eher der Person, Einfluß eher dem Kommunikationsfluß selbst zugerechnet. Obwohl Ansehen und Einfluß interdependente Größen sind – Ansehen verschafft mehr Einfluß, Einfluß verleiht größeres Ansehen – können wir sie analytisch, und zwar im Hinblick auf ihre Quellen, auseinanderhalten. Ansehen stützt sich im einfachsten Fall auf Persönlichkeitsattribute, Einfluß auf die Verfügung über Ressourcen.

In dem Katalog der Eigenschaften, die Ansehen beanspruchen können, sind physische Stärke und körperliche Attraktivität ebenso enthalten wie technisch-praktische Fertigkeiten, intellektuelle Fähigkeiten und das, was ich interaktive Zurechnungsfähigkeit nennen möchte. Darunter verstehe ich Willensstärke, Glaubwürdigkeit und Zuverlässigkeit, sozusagen kognitive, expressive und moralisch-praktische Tugenden eines an Geltungsansprüchen orientierten Handelns. Die beiden für Einfluß wichtigsten Quellen sind auf der anderen Seite Besitz und »Wissen«. Den Ausdruck ›Wissen‹ gebrauche ich in einem weiten Sinne, der alles decken soll, was durch Lernen sowie durch Aneignung der kulturellen Überlieferung erworben werden kann, wobei diese sich sowohl auf kognitive wie auf sozialintegrative, und das heißt wiederum: auf expressive und moralisch-praktische Bestandteile erstreckt. Die generalisierte Annahmebereitschaft von Alter können wir nun auf einzelne Quellen von Egos Ansehen oder Einfluß zurückführen, und zwar auf *empirisch*, nämlich durch Anreiz und Abschreckung *motivierte Bindungen* im Falle physischer Stärke, körperlicher Anziehungskraft, kognitiv-instrumenteller Fertigkeiten und der Verfügung über Besitz, hingegen auf *rational*, nämlich durch begründetes Einverständnis, *motiviertes Vertrauen* im Falle interaktiver Zurechnungsfähigkeit und der Verfügung über Wissen. Dann ergibt sich für die durch Ansehen und Einfluß induzierte Annahmebereitschaft eine vorläufige Klassifikation:

| Motivation | Attribute | Ressourcen |
| --- | --- | --- |
| empirisch | *Stärke:* Abschreckung durch befürchtete Strafe, Anreiz durch erwarteten Schutz *Können:* Anreiz durch erwarteten Erfolg *Körp. Anziehung:* Gefühlsbindung | *Besitz:* Anreiz durch erwartete Belohnung |
| rational | *Zurechnungsfähigkeit:* Vertrauen in Autonomie | *Wissen:* Vertrauen auf Gültigkeit kommunikativer Äußerungen |

Ich verbinde mit diesem Schema keinen systematischen Anspruch; es soll lediglich illustrieren, daß in den Quellen von Ansehen und Einfluß eine Differenzierung auf der Linie einer empirisch vs. rational motivierten Handlungskoordinierung *angelegt* ist. Entweder geht Alter auf Egos Angebot ein, weil er sich an den Strafen und Belohnungen orientiert, die Ego verteilen kann, oder weil er darauf vertraut, daß Ego über das nötige Wissen verfügt und hinreichend autonom ist, um für die Einlösung der von ihm kommunikativ erhobenen Geltungsansprüche zu garantieren.

Nun kann das Problem der Handlungskoordinierung auf einer nächst höheren Stufe dadurch gelöst werden, daß nicht nur Ansehen und Einfluß generelle Motive binden, sondern *selber* generalisiert werden. Die Generalisierung von Ansehen hat freilich eher strukturbildende Effekte; sie führt zur Ausbildung von Statussystemen, die entlang eines differentiellen Prestiges von Kollektiven, zunächst Familienverbänden, entstehen können. Einen *medienbildenden* Effekt hat die Generalisierung von Einfluß, wobei aber auch Attribute in Ressourcen umgewandelt und zu Medien ausgestaltet werden können. Das gilt für die Transformation von Stärke und Können in Macht; nicht aber für interaktive Zuverlässigkeit, auch nicht für körperliche Attraktivität oder einen ihrer Spezialfälle: sexuelle Anziehungskraft. Nicht alle Ressourcen eignen sich in gleicher Weise als Grundlage für die Generalisierung einer jeweils spezialisierten Einflußnahme auf die Stellungnahmen eines Interaktionspartners. Die Rede von Liebe als einem Medium bleibt hoffnungslos metaphorisch.

Bedingung für die Medienbildung ist eine Differenzierung der Einflußquellen, insbesondere eine Trennung der empirisch motivierten Bindungen von den verschiedenen Formen rational motivierten Vertrauens.

An den empirisch motivierten Bindungen setzen die Medien Geld und Macht an. Sie codieren einen zweckrationalen Umgang mit kalkulierbaren Wertmengen und ermöglichen eine generalisierte strategische Einflußnahme auf die Entscheidungen anderer Interaktionsteilnehmer unter Umgehung sprachlicher Konsensbildungsprozesse. Indem sie sprachliche Kommunikation nicht nur vereinfachen, sondern durch eine symbolische Generalisierung von Schädigungen oder Entschädigungen *ersetzen*, wird der lebensweltliche Kontext, in den Verständigungsprozesse stets eingebettet sind, für mediengesteuerte Interaktionen entwertet: die

Lebenswelt wird für die Koordinierung von Handlungen nicht länger benötigt.

Gesellschaftliche Subsysteme, die über solche Medien ausdifferenziert werden, können sich gegenüber einer in die Systemumwelt abgedrängten Lebenswelt selbständig machen. Darum erscheint die Umstellung des Handelns auf Medien aus der Lebensweltperspektive sowohl als eine Entlastung von Kommunikationsaufwand und -risiko, wie auch als eine Konditionierung von Entscheidungen in erweiterten Kontingenzspielräumen – und in diesem Sinne als eine *Technisierung der Lebenswelt*.

Einen solchen Effekt kann die Generalisierung von Einfluß, welcher an rational motiviertem Vertrauen in den Besitz von Wissen ansetzt, nicht haben. Die über generalisierte rationale Motivation gesteuerten Interaktionen stellen eine Spezialisierung sprachlicher Konsensbildungsprozesse dar; sie bleiben über den Mechanismus der Verständigung auch vom Zugriff auf den kulturellen Hintergrund und auf Elemente der Persönlichkeitsstruktur abhängig. Diese Formen generalisierter Kommunikation ermöglichen wohl eine stärkere Distanzierung verständigungsorientierten Handelns von institutionellen Ordnungen, normativen Kontexten überhaupt. Aber ihre Ressourcen sind dieselben, von denen auch die sprachliche Konsensbildung zehrt. Ein kognitiv spezialisierter Einfluß, beispielsweise wissenschaftliche Reputation, kann sich nur in dem Maße bilden, wie sich die kulturellen Wertsphären im Sinne Max Webers ausdifferenzieren und eine Bearbeitung der kognitiven Überlieferung unter dem exklusiven Geltungsaspekt von Wahrheit ermöglichen. Ebenso verhält es sich mit normativ spezialisierten Einfluß, beispielsweise moralischer Führerschaft; sie kann sich nur in dem Maße bilden, wie die Moral- und Rechtsentwicklung die postkonventionelle Stufe erreicht, auf der die von Legalität getrennte Moral weitgehend entinstitutionalisiert wird und wie das prinzipiengeleitete moralische Bewußtsein über interne Verhaltenskontrollen vorwiegend im Persönlichkeitssystem verankert ist. Beide Arten von Einfluß erfordern zudem Kommunikationstechnologien, die Sprechbehandlungen aus raumzeitlichen Kontextbeschränkungen lösen und für vervielfachte Kontexte verfügbar machen. Kommunikatives Handeln kann über spezialisierten Einfluß nur in dem Maße gesteuert werden, wie kommunikative Äußerungen technologisch verstärkt werden und bereits bei ihrem originären Auftreten in ein virtuell präsent gehaltenes Netz räumlich und zeitlich weit entfernter, aber prinzipiell zugänglicher Kommunikationsinhalte eingebettet sind.

Ich erwähne diese drei Bedingungen, um zu zeigen, daß die generalisierte konsensuelle Einflußnahme auf die Entscheidungen anderer Interaktionsteilnehmer von den lebensweltlichen Kontexten nicht etwa abgekoppelt ist und technisierend auf diese zurückwirkt, sondern eine Rationalisierung der lebensweltlichen Strukturen selber zur Voraussetzung hat. Dieser Rationalisierungsvorgang muß auf der Ebene des Handlungssystems im allgemeinen analysiert werden. Er bedeutet eine Differenzierung zwischen den Komponenten der Kultur, der Gesellschaft und der Persönlichkeit und die Entfaltung rekonstruktiv zugänglicher Strukturen, sei es von Weltbildern, Normensystemen oder Ich-Identitäten. Die Entwicklungstrends, die Parsons unter den Stichworten ›value-generalization‹ und ›inclusion‹ behandelt, sind zwei Anzeichen für eine solche Rationalisierung der Lebenswelt, die einem funktionalistischen Zugriff allerdings nur ihre Außenansicht bietet.

*Anmerkungen*

1 On Building Social Systems: A Personal History, in: T. Parsons, Social Systems and the Evolution of Action Theory, N. Y. 1977, S. 22 ff.
2 T. Parsons, N. J. Smelser, Economy and Society, N. Y. 1956.
3 Parsons (1977), S. 128.
4 On the Concept of Political Power, repr. in T. Parsons, Sociological Theory and Modern Society, N. Y. 1967, S. 297 ff.
5 On the Concept of Influence, On the Concept of Value Commitment, repr. in: T. Parsons, Politics and Social Structure, N. Y. 1969.
6 T. Parsons, Some Problems of General Theory in Sociology, in: J. C. McKinney, W. A. Tiryakian (Eds.), Theoretical Sociology, N. Y. 1970, S. 27 ff.; T. Parsons, G. M. Platt, The American University, Cambr. 1973, Appendix.
7 Es gibt Vorschläge von Schülern: »As Lidz and Lidz have recently presented four types of functionally specialized intelligence as media for the organism, rounding out this scheme for action theory calls for the development of media relevant for the analysis of culture and personality. One might think of a medium conception of ›pure reason‹, ›practical reason‹, ›aesthetic reason‹ or the like for culture and

of the mechanisms of defence and those of adjustment for the personality.« R. C. Baum, in: FS Parsons, N. Y. 1976, S. 488.
8 Dieser Meinung ist R. C. Baum: »One cannot go into extensive detail mapping of the components unless one has the general action media worked out. In the reverse case, as for instance starting with the societal level, which actually happened, there is the danger of premature detail specification.« FS Parsons (1976), S. 449.
9 Parsons (1977), S. 145.
10 Vgl. Pattern-Variables Revisited, in: Parsons (1967), S. 192 ff. und: The Point of View of the Author, in: M. Black, The Social Theories of T. Parsons, Englewood Cliffs 1961.
11 Parsons (1977), S. 168.
12 FS Parsons (1976), S. 137.
13 N. Luhmann, Handlungstheorie und Systemtheorie, MS 1977.
14 P. C. Baum, Communication and Media, in: FS Parsons (1976), S. 533 ff.
15 »Die Grundlagen des Zusammenlebens und die Bedingungen seiner Fortsetzung brauchen normalerweise nicht bedacht, Handlungen nicht gerechtfertigt, Motive nicht eigens beschafft und vorgezeigt zu werden. Problematisierungen und Thematisierungen sind nie ausgeschlossen, bleiben stets möglich; aber diese inaktuelle Möglichkeit genügt normalerweise schon als Interaktionsbasis: Wenn niemand sie ergreift, ist alles in Ordnung.« N. Luhmann, Macht, Stuttg. 1975, S. 70.
16 FS Parsons (1976), S. 580. Freilich dienen die Medien nicht nur, wie Baum an dieser Stelle hervorhebt, der Ersparnis von Information und Zeit, und damit der Verringerung des Interpretationsaufwandes, sondern auch der Bewältigung des Risikos, daß die Handlungssequenzen abreißen.
17 Luhmann (1975), S. 71.
18 Luhmann (1975), S. 72.
19 Parsons spezifiziert diese Freiheitsgrade rationaler Wahl in vierfacher Hinsicht: »In exchange for its lack of direct utility money gives the recipient four important degrees of freedom in his participation in the total exchange system (1). He is free to spend his money for any *item* or combination of items available on the market which he can afford, (2) he is free to shop *around* among alternative sources of supply for desired items, (3) he can choose his own *time* to purchase, and (4) he is free to consider *terms* which, because of freedom of time and source he can accept or reject or attempt to influence in the particular case. By contrast, in the case of barter, the negotiator is bound to what his particular partner has or wants in relation to what he has and will part with at the particular time. On the other side of the gain in degrees of freedom is of course the risk involved in the probabilities of the

acceptance of money by others and of the stability of its value.« (Parsons, On the Concept of Political Power (1967), S. 307)
In einem monetarisierten Wirtschaftssystem bestehen grundsätzlich vier Optionen, nämlich einen Geldbesitz entweder zu horten, auszugeben, zu sparen oder anzulegen.

20 T. Parsons, Some Reflections on the Place of Force in Social Process, in: Parsons (1967), S. 264 ff.
21 N. Luhmann, Zur Theorie symbolisch generalisierter Kommunikationsmedien, in: ZfS, 1974, S. 236 ff.; ders., Macht (1975), S. 112 ff.
22 Parsons, On the Concept of Power (1967), S. 318; Luhmann (1975), S. 98.
23 T. Parsons, On the Concept of Influence (1967), S. 361.
24 Luhmann (1974), ... Vgl. dazu M. Gould, Development and Revolution in Science, Appendix, MS Starnberg 1977; ferner R. C. Baum, FS Parsons (1976), S. 544 ff; J. J. Loubser, FS Parsons (1976), S. 10 ff;
25 J. Habermas, Was heißt Universalpragmatik, in: K. O. Apel (Hrsg.), Sprachpragmatik und Philosophie, Ffm. 1976, S. 170 ff.

# Wolfgang Schluchter
# Gesellschaft und Kultur
## Überlegungen zu einer Theorie institutioneller Differenzierung

Talcott Parsons hat seine theoretische Perspektive in der Auseinandersetzung mit der soziologischen Tradition gewonnen. Nicht zufällig steht im Mittelpunkt der ersten Phase seiner intellektuellen Karriere eine große problemgeschichtliche Analyse in systematischer Absicht, die zugleich zum grundlegenden Bezugspunkt für seine weitere theoretische Arbeit geworden ist.[1] Doch hat diese umfangreiche und brillante Studie sein problemgeschichtliches Interesse keineswegs endgültig befriedigt. Das »revisiting the founders«, das Überdenken der Gründer, hat vielmehr wichtige Phasen der Werkentwicklung bis in die jüngste Zeit hinein bestimmt.[2] Problemgeschichtliche Analysen bilden im Parsonsschen Werk einen kontinuierlichen und einen konstitutiven Bestandteil der Theoriekonstruktion selber: Sie sind dafür Bau- *und* Prüfsteine zugleich. Sie sind dafür Bausteine, weil sie unter der Annahme stehen, die kritische Analyse der Gründer werde zur Herausbildung eines einzigen Korpus von theoretischen Argumenten führen. Es geht nicht um soziologische Theorien, sondern um soziologische Theorie.[3] Sie sind dafür Prüfsteine, weil sie unter der Annahme stehen, die Konvergenz von theoretischen Argumenten sei ein Kriterium für theoretischen Fortschritt, zumal dann, wenn sie von unabhängigen und zunächst scheinbar unvereinbaren Ausgangspunkten her erfolgt. So hat denn auch die Entdeckung von Konvergenzen der Parsonsschen Theoriebildung entscheidende Impulse gegeben: die Konvergenz von Entwicklungen im Rahmen der positivistischen und der idealistischen Tradition des soziologischen Denkens zu einer voluntaristischen Theorie des Handelns;[4] die Konvergenz von Durkheims ›Spätsoziologie‹, Freuds Psychoanalyse und der Arbeiten von Mead, Cooley und Thomas zu einer soziologischen Theorie der Internalisierung;[5] die Konvergenz des von Parsons selbst schrittweise entwickelten pattern-variable-Schemas mit den von Bales an Kleingruppen abgelesenen vier funktionalen Systemproblemen;[6] aber auch die Konvergenz von Erkenntnissen der modernen Biologie über Evolution mit Überlegungen, wie sie bereits von Max Weber, später von S. N. Eisenstadt, Robert Bellah und Talcott Parsons selber für die sozio-kulturelle Evolution vorgetragen worden sind.[7] Von diesen Konvergenzen, von denen es noch weitere gibt,[8] haben sicherlich die ersten beiden sowohl für Parsons' Werk wie für die Soziologie überhaupt eine herausgehobene Bedeutung gewonnen. Denn mit den Namen Pareto, Durkheim, Weber, Freud und Mead ist jener Problemhorizont abgesteckt, in dem sich eine soziologische Handlungstheorie, die als eine Theorie der Institutionalisierung und der Internalisierung von kulturellen Mustern angelegt ist, bewegen muß. Tatsächlich sind insbesondere Emile Durkheim, Max Weber und Sigmund Freud nicht nur zu vorübergehenden, sondern zu dauernden ›Gesprächspartnern‹ von Talcott Parsons bei der Ausarbeitung seiner Theorie geworden: Durkheim als der Theoretiker der sozialen Integration, Weber als der Theoretiker des Verhältnisses von Kultur und Gesellschaft und Freud als der Theoretiker des Verhältnisses von Gesellschaft und Person.[9]

Die folgenden Überlegungen wollen sich an diesem Problemhorizont orientieren. Sie bleiben freilich auf einen Ausschnitt daraus beschränkt. Im Mittelpunkt steht die Frage nach der Interpenetration von Sozial- und Kultursystemen oder, anders ausgedrückt, die Frage nach der Institutionalisierung von kulturellen Mustern und deren sozialstruktureller Verankerung. Ich will dabei eine umrißhafte Verhältnisbestimmung von Gesellschaft und Kultur versuchen, die zugleich in eine entwicklungsgeschichtlich gerichtete Theorie der institutionellen Differenzierung mündet. Dazu folge ich über weite Strecken den Überlegungen von Talcott Parsons, insbesondere dort, wo sie mit einer systematischen Rekonstruktion und Erweiterung des Ansatzes von Durkheim, vor allem aber von Max Weber verbunden sind. Ich werde freilich den Parsonsschen Weg nicht bis zu Ende mitgehen. Denn ich bin der Meinung, daß seine Analyse über das Verhältnis von Gesellschaft und Kultur, wie sie sich in den späten Arbeiten findet, trotz des mit ihr verbundenen Erkenntnisfortschritts letztlich zu einer Überbewertung der Stellung von kulturellen Institutionen im gesellschaftlichen Handlungszusammenhang führt. Ich möchte sie deshalb nicht nur aus der Perspektive des frühen Parsons lesen, sondern sie teilweise auch wieder in den Bezugsrahmen der

Gründer, insbesondere Max Webers, zurückversetzen. Damit suche ich zugleich vom verführerischen Sog der Konvergenzannahme Distanz zu gewinnen: Theoretischer Fortschritt resultiert nicht allein aus der Suche nach der Konvergenz, sondern auch aus dem Wechselspiel von Konvergenz und Divergenz. Mein Ziel ist es, einige Elemente eines makrosoziologischen Forschungsprogramms zu charakterisieren, das mit dem von Talcott Parsons vertretenen zwar Gemeinsamkeiten aufweist, aber an begriffsstrategisch wichtigen Punkten doch davon abweicht. Es ist das Forschungsprogramm einer handlungstheoretisch orientierten Gesellschaftsgeschichte, dessen Kern in Max Webers soziologischen Grundbegriffen sowie in seiner Einleitung und seiner Zwischenbetrachtung zur Wirtschaftsethik der Weltreligionen niedergelegt ist.[10] Dieses Programm läßt sich dennoch mit der zuerst von Talcott Parsons explizierten voluntaristischen Theorie des Handelns fundieren. Dies kann nicht überraschen, wenn man bedenkt, daß der frühe Parsons den Weberschen Ansatz zu Recht nicht als positivistische oder idealistische, sondern als voluntaristische Theorie des Handelns einstuft und daß er ihm zugleich relative Vollständigkeit bei der Analyse der Struktur von Handlungssystemen bescheinigt.[11]

Um jenen Ausschnitt des Problemhorizonts zu charakterisieren, auf dessen Hintergrund ich sowohl die Parsonssche Analyse wie auch meinen davon teilweise abweichenden Versuch sehe, möchte ich zwei Zitate einführen. Sie stammen von Emile Durkheim und von Max Weber. Sie sind den Religionssoziologien dieser Autoren entnommen, und sie repräsentieren zugleich späte Formulierungen ihrer Position zu Fragen des Verhältnisses von Gesellschaft und Kultur. Sie zeigen interessante Konvergenzen, aber auch Divergenzen. Auf beides kommt es mir an. In seiner Studie über die elementaren Formen des religiösen Lebens fragt Durkheim unter anderem, weshalb die australischen Aruntas und andere Stämme die Idee einer unpersönlichen und anonymen Kraft konstruieren, und zwar so, daß diese Kraft sich in äußeren Objekten manifestieren kann und sich in ihnen dennoch nicht erschöpft. Dies deshalb, so Durkheim, weil die Idee dieser Kraft nicht einfach einen Reflex der sinnlichen Wahrnehmung von Individuen darstelle. Sie sei vielmehr Ausdruck eines Gefühls, »que la collectivité inspire à ses membres, mais projeté hors des consciences qui l'éprouvent, et objectivé. Pour s'objectiver, il se fixe sur un object qui devient ainsi sacré; mais tout object peut jouer ce rôle. En principe, il n'y en a pas qui y soient prédestinés par leur nature, à l' exclusion des autres; il n'y en a pas davantage qui y soient nécessairement réfractaires. Tout dépend des circonstances qui font que le sentiment générateur des idées religieuses se pose ici ou là, sur tel point plutôt que sur tel autre. Le caractère sacré que revêt une chose n'est donc pas impliqué das les propriétés intrinsèques de celle-ci: *il y est surajouté*. Le monde du religieux n'est pas un aspect particulier de la nature empirique; *il y est superposé.*«[12] In seinen Studien über die Wirtschaftsethik der Weltreligionen fragt Weber, welche Bedeutung die Erlösungshoffnung, die Erlösungsidee, für religiöse, aber auch für andere Haltungen von Menschen zur ›Welt‹ haben könne und ob sie sich als eine einfache Funktion der sozialen Lage derjenigen Schichten verstehen lasse, die historisch als ihr charakteristischer Träger aufgetreten sind. Weber verneint dies mit dem Hinweis auf den Charakter der religiösen Quellen und auf die historische Bedeutung, die die Erlösungsidee seit ihrem Ausbau zu einem systematisch rationalisierten Weltbild in den Weltreligionen für die Haltung von Menschen in unterschiedlichen sozialen Lagen gewonnen habe. Denn was diese an sich uralte Idee der Befreiung von Not, Hunger, Dürre, Krankheit, Leid und Tod »ihrem Sinn und ihrer psychologischen Qualität nach bedeuten wollte und konnte«, hing jetzt zunehmend auch von diesem Weltbild und der Stellungnahme zu ihm ab. »Interessen (materielle und ideelle), nicht: Ideen, beherrschen unmittelbar das Handeln der Menschen. Aber: die ›Weltbilder‹, welche durch ›Ideen‹ geschaffen wurden, haben sehr oft als Weichensteller die Bahnen bestimmt, in denen die Dynamik der Interessen das Handeln fortbewegte: Nach dem Weltbild richtete es sich ja: ›wovon‹ und ›wozu‹ man ›erlöst‹ sein wollte und – nicht zu vergessen – konnte.«[13]

Was läßt sich aus diesen beiden Zitaten für den hier diskutierten Problemzusammenhang lernen? Ich glaube dreierlei: 1. Durkheim und Weber sehen den Menschen, in einer Formulierung von Kenneth Burke, als ein symbolverwendendes Wesen,[14] das materielle und ideelle Interessen gleichermaßen verfolgen muß. 2. ›Heilige Dinge‹ sind zunächst Stellvertreter. Sie vertreten den nichtempirischen Aspekt der Wirklichkeit.[15] Sie sind Ausdruck für die Existenz von Wertidealen, für die Existenz einer Wertwelt, auf die man Objekte beziehen und die auf Objekte bezogen werden kann.[16] Entstehen und Struktur dieser Wertwelt können unterschiedlich gefaßt sein. Nicht zuletzt dadurch kommen wichtige Unterschiede zustande, die zwischen den Positionen von Durkheim und von Weber bestehen.[17] Doch gilt für beide, daß sie religiöse Symbolisierung als einen Vorgang der Bedeutungsgabe einführen. Religiöse Symbole sind nicht einfach Folge der Eigenschaften, die den Objekten innewohnen, sondern ihnen hinzugefügt, ihnen auferlegt. 3. Religiöse Symbole und die Ideen, die sie repräsentieren, lassen sich generalisieren und systematisieren. Sie haben nicht nur eine Repräsentations-, sondern auch eine Transfigurationsfunktion.[18] Daraus können relativ ›überzeitliche‹ und geschlossene Weltbilder entstehen. Sie sind Produkt vergesellschafteter Menschen, ab einem bestimmten gesellschaftlichen Entwicklungsniveau meist von Intellektuellenschichten, deren soziale Lage ihnen die vorrangige Bearbeitung kultureller Objekte erlaubt. Doch obgleich dies so ist, bleiben Weltbilder nicht einfache Funktionen natürlicher und sozialer Lagen. Ihre Konstruktion wird neben exogenen Faktoren auch durch endogene Faktoren, insbesondere durch die ›Logik der Perfektion‹, mitbestimmt.[19] Dadurch erst können sie zu Weichenstellern werden. Und dies für Durkheim so sehr, daß für ihn die Idee als soziale Idee nahezu die soziale Wirklichkeit überhaupt ist.[20]

Freilich verweist gerade diese Formulierung zugleich auf theoretische Gefahren. Sie bestehen darin, daß man Kultur und Gesellschaft unter dem einen oder unter dem anderen Vorzeichen aufeinander reduziert. Nicht zufällig ist gerade Durkheim sowohl die Idealisierung der Gesellschaft wie die Materialisierung der Religion, allgemeiner: der Kultur, vorgeworfen worden. Und tatsächlich ist, wie insbesondere Talcott Parsons dargelegt hat, die Spätsoziologie Durkheims von diesem Wechselspiel zwischen ›Materialismus‹ und ›Idealismus‹ nicht frei.[21] Daran aber zeigt sich, daß eine Handlungstheorie, die die begriffliche Grundlage für die Bestimmung des Verhältnisses von Gesellschaft und Kultur geben will, zwei Faktorengruppen unterscheiden muß, um sie in eine theoretisch angemessene Beziehung setzen zu können: die Ideen und die mit ihnen verbundenen Weltbilder einerseits, die durch sie mitstrukturierte Dynamik materieller und ideeller Interessen andererseits. Zugleich verweist aber die Interessenbedingtheit von Ideen darauf, daß diese Strukturierung nicht einseitig sein kann: Es geht nicht nur um die Sinnbezogenheit des

Handelns, sondern auch um die Handlungsbezogenheit des Sinns.

Diese Formel, die es in der Folge zu präzisieren gilt, liegt nun auch der voluntaristischen Theorie des Handelns zugrunde, jener Version, die Talcott Parsons 1937 in ›The Structure of Social Action‹ zunächst in ihren Grundzügen entwickelt und dann, zusammen mit Edward Shils, 1951 unter dem Titel ›Values, Motives, and Systems of Action‹ in erweiterter und systematisierter Form vorgelegt hat.[22] Diese beiden Texte bilden denn auch den Kern dessen, was Robert Dubin das Modell I der sozialen Handlung bei Parsons nannte, eines Modells, das er auch als sozialpsychologisch charakterisiert.[23] Es basiert auf dem Paradigma Handelnder-in-Situation und auf der Unterscheidung sowie Verhältnisbestimmung von drei Systemen: dem Kultursystem, dem Sozialsystem und dem Persönlichkeitssystem. Das zentrale Theoriestück ist das pattern-variable-Schema, das nicht nur der Charakterisierung der Handlungsorientierungen von Handelnden dient, sondern auch der Klassifikation von Wertstandards (Kultursystem), Rollen (Sozialsystem) und Bedürfnisdispositionen (Persönlichkeit). Als Handlungssubjekte, denen man Handlungsorientierungen zurechnen kann, werden Persönlichkeiten und soziale Systeme eingeführt. Die Kultur dagegen besteht aus ›ewigen Objekten‹ im Sinne von Symbolen und Symbolsystemen. Sie gilt als Objekt in der Handlungssituation und ist insofern handlungsbezogen, nicht aber selbst Handlungssystem. Dieses Modell I hat Parsons, so Dubin, in der Folge zugunsten eines Modells II verlassen, zugunsten eines Modells, das mit dem ersten nicht kompatibel sei. Dieses Modell II, das Dubin sozialstrukturell nennt, basiert auf dem Paradigma System-in-Umwelt und auf der Unterscheidung sowie Verhältnisbestimmung von vier Systemen: dem Kultursystem, dem sozialen System, dem Persönlichkeitssystem und dem Verhaltensorganismus, besser: dem Verhaltenssystem.[24] Das zentrale Theoriestück ist das AGIL-Schema, mit dem zunächst die Modalitäten des Sozialsystems charakterisiert werden. Doch wird es auch auf die übrigen Systeme ausgedehnt. Diesen Systemmodalitäten oder Systemproblemen werden die Handlungsorientierungen, die aus einer Verbindung von Motiv- und Objektbewertung durch den Handelnden zustande kommen, ›gleichgeschaltet‹ – sie verlieren überhaupt ihre selbständige Bedeutung für die Charakterisierung der Aktor-Objekt-Relation.

Daraus aber entstehen in Dubins Sicht Probleme der Übergeneralisierung, »whose net effect may be to wash out meaningful distinctions«.[25]

Auf diese Kritik hat Talcott Parsons in bezeichnender Weise geantwortet.[26] Er bestreitet, daß Modell I und Modell II unvereinbare Alternativen sind. Vielmehr sei Modell II im Vergleich zu Modell I umfassender. Modell I lasse sich nämlich als Bestandteil von Modell II verstehen. Auch für Modell II habe die Beziehung Aktor-Objekt zentrale Bedeutung. Doch reiche Modell I für sich genommen nicht aus, um strukturierte Handlungssysteme, die Organisation einer Vielzahl von Handlungen, zureichend zu verstehen. Zwischen der ›Elementarhandlung‹ und dem strukturierten ›Handlungssystem‹ bestünden nicht nur graduelle, sondern prinzipielle Unterschiede. Talcott Parsons hegt, wie er einmal formulierte, gegen jede elementaristische Position in der Soziologie ein tiefsitzendes Vorurteil.[27] Denn strukturierte Handlungssysteme hätten sich nicht nur mit internen Situationen, sondern auch mit externen Umwelten aktiv auseinanderzusetzen, sie stünden vor einem internen *und* externen Integrations- bzw. Adaptationsproblem.[28] Doch so überzeugend diese Argumentation theorieimmanent erscheint, in Dubins Kritik steckt über das hinaus, was der Kritisierte als berechtigt anerkennt, ein weiteres Körnchen Wahrheit: Der Zuwachs an theoretischer Komplexität, an analytischer Eleganz, der mit Modell II zweifellos verbunden ist, wird mit Verlust an Realismus erkauft. Dies läßt sich in meinen Augen an der Generalisierung des Begriffs des Handelnden ablesen: Er wird bewußt von ›psychologischen‹ Konnotationen wie Motivation oder Interesse befreit.[29] Damit aber wird ein realistischer handlungstheoretischer Bezugsrahmen verlassen. Handlungen lassen sich beliebigen ›Instanzen‹ zurechnen, auch solchen, die nicht einmal im übertragenen Sinne als orientierungsfähig gelten können, die man deshalb etwa in der handlungstheoretischen Perspektive Webers als nicht handlungsfähig einstufen muß. Dies zeigt sich, theorieimmanent gesehen, an der Behandlung von Kultursystemen. Sie werden von handlungsbezogenen Systemen in Handlungssysteme transformiert. Diese begriffsstrategische Entscheidung aber muß weitreichende Konsequenzen für die Bestimmung des Verhältnisses von Kultur und Gesellschaft haben. Ich sehe sie zunächst darin, daß dieses Verhältnis zweideutig wird. Dies zeigt sich an der Einordnung von Institutionen: Ein und dieselbe Institution wird wechselnd als kulturelles oder als soziales Handlungssystem aufgefaßt. Das dokumentiert etwa folgende Formulierung, die ich einem Text entnehme, in dem Talcott Parsons die Konsequenzen der theoretischen Entwicklung von Modell I zu Modell II für seine Kulturtheorie entfaltet: »The maintenance of a religious orientation through the functioning of a church would be considered as a case of interpenetration of cultural and social system; but a church as such would be regarded as a collectivity with cultural primacy, i. e. first, a cultural ›system of action‹, and second, a social system.«[30] Doch wird das Verhältnis von Kultur und Gesellschaft im Rahmen von Modell II nicht nur zweideutig, es führt auch dazu, den kulturellen Handlungssystemen eine Sonderstellung im Konzert gesellschaftlicher Institutionen einzuräumen. Damit ist mit dieser Theorie ganz allgemein die Gefahr verbunden, die kulturellen Institutionen im gesamtgesellschaftlichen Institutionengefüge überzubewerten.

Nun ließe sich diese Konsequenz freilich verteidigen: Jeder institutionelle Komplex liegt, analytisch gesprochen, in der Zone der Interpenetration von Kultur- und Sozialsystem. Jeder institutionelle Komplex hat nicht nur eine Kultur, er besteht auch aus Organismus-Persönlichkeits-Einheiten, die soziale Beziehungen zueinander unterhalten. Was institutionelle Komplexe voneinander unterscheidet, sind die Objekte, aus denen ihre Handlungssituationen primär bestehen. Bei diesen Objekten kann man zwischen nichtsozialen und sozialen unterscheiden und, bei den nichtsozialen, zwischen kulturellen und physischen. Kulturelle Institutionen sind nun solche, deren Handlungssituationen primär durch kulturelle Objekte geprägt sind, nichtkulturelle Institutionen aber solche, die sich primär auf soziale oder physische Objekte beziehen. Tatsächlich verfolgt Talcott Parsons diese Argumentationslinie. Und ich glaube, daß sie für die Bestimmung des Verhältnisses von Kultur und Gesellschaft außerordentlich fruchtbar ist. Doch würde eine solche Argumentation eher dem Modell I als dem Modell II entsprechen. Im Rahmen von Modell II kommt dem Charakter der Objekte, auf die sich Institutionen primär beziehen, in meinen Augen allenfalls sekundäre Bedeutung zu. Dies mag ein Blick auf die von Talcott Parsons zusammen mit Gerald Platt verfaßte Studie über die amerikanische Universität lehren, in der das Modell II angewendet wird. Die Autoren analysieren nicht nur die akademischen Institutionen, sondern zugleich auch moderne Kulturerscheinungen. Dabei werden die akademischen Institutionen dem sogenannten fiduciary subsystem der Gesellschaft zugeordnet. Es ist jenes gesellschaftliche Teilsystem, das eine *besondere* Beziehung zum Kultursystem unterhält. Im Rahmen dieses gesellschaftlichen Teilsystems erfüllt die Universität in erster Linie kognitive Aufgaben: »... its primary societal function is to act as a trustee of cognitive culture and interests associated with it.«[31] Institutionen dieser Art aber unterhalten nicht nur eine besondere Beziehung zum Kultursystem, sie haben auch eine Sonderstellung. Diese resultiert nicht in erster Linie aus ihrer besonderen Objektbeziehung, sondern aus der Tatsache, daß sie, und offenbar *nur* sie, in der Zone der Interpenetration zwischen Kultur und Gesellschaft angesiedelt sind.[32]

Den Grund für diese Sonderstellung gilt es theorieimmanent kurz zu überdenken. Denn daran muß sich illustrieren lassen, weshalb im Rahmen von Modell II das Verhältnis von Kultur und Gesellschaft zweideutig ist, und auch, weshalb nach diesem Modell ganz allgemein die faktische Bedeutung der kulturellen Institutionen überschätzt zu werden droht. Zunächst ist, werkgeschichtlich gesehen, interessant, daß der Begriff der Interpenetration offensichtlich erst mit dem Übergang zu Modell II auftaucht: Er läßt sich als eine Verallgemeinerung der zuvor verwendeten Begriffe Institutionalisierung und Internalisierung verstehen.[33] Interpenetration ist also ein Begriff, mit dem ganz allgemein Verschränkungen zwischen differenzierten Teilsystemen bezeichnet werden. Institutionalisierung und Internalisierung, später auch: Lernen, geben dann besondere Mechanismen wechselseitiger Verschränkung an. Wie insbesondere Niklas Luhmann vorgeschlagen hat, sollte man nun zwischen Interpenetrations- und Austauschmechanismen unterscheiden. Interpenetration bezieht sich dann auf Vermittlungen bei Ebenendifferenzierung, Austausch aber auf Vermittlungen bei Differenzierungen in einer Ebene. Unterstellt man wie Talcott Parsons eine vertikale Differenzierung zwischen Kultur, Sozialsystem, Person und Organismus, so kommen für die Vermittlung der daraus entstehenden vier Ebenen drei Interpenetrationsmechanismen in Frage: Institutionalisierung zwischen Kultur und Sozialsystem, Internalisierung zwischen Sozialsystem und Person sowie Lernen zwischen Person und Organismus. Daraus ergeben sich Interpenetrationszonen. Diese aber sind über die sich durchdringenden ›Ebenen‹ nicht ›gleichverteilt‹. Dies nicht nur in dem Sinne, daß Interpenetrationszonen größer und kleiner sein können, sondern auch in dem Sinne, daß nicht alle Einheiten der Ebenen an der jeweiligen Interpenetration beteiligt sind. Deshalb haben diejenigen Einheiten, die die Zone der Interpenetration konstituieren, eine Sonderstellung. Diese übernimmt im Falle der Durchdringung von Kultur und Gesellschaft das fiduciary subsystem als das ›gesellschaftliche Kultursystem‹.

Nun mag man darin einfach eine Erweiterung von Modell I erkennen. Und dies trifft zweifellos zunächst auch zu. Doch muß man diese Interpenetrationsthese mit einer zweiten These zusammen lesen, die gleichfalls mit dem Übergang zu Modell II auftaucht: mit der These von der Beziehung zwischen den gegenläufigen Hierarchien konditionierender und kontrollierender Faktoren, abgekürzt: mit der These von der Kontrollhierarchie.[34] Diese These wird bekanntlich mit der von der Ebenendifferenzierung des allgemeinen Handlungssystems verbunden. Das Kultursystem kontrolliert das Sozialsystem und wird durch dieses konditioniert. Gleiches gilt für das Verhältnis von Sozialsystem und Persönlichkeitssystem sowie von Persönlichkeitssystem und Verhaltensorganismus. Im allgemeinen Bezugsrahmen des Handelns werden also die für *jeden* Handlungszusammenhang konstitutiven Faktoren nicht nur zusammengefaßt, sie werden auch in eine hierarchische Ordnung gebracht. Dies führt Talcott Parsons freilich nicht ins Lager der Ein-Faktor-Theoretiker. Auch Modell II bewahrt die Erfolge seines lebenslangen Unabhängigkeitskriegs, seines Kriegs gegen jede Form von Reduktionismus.[35] Allerdings hat die Hierarchisierung der Faktoren eine neue Version des Kulturdeterminismus zur Folge, zu der er sich übrigens offen bekennt.[36] Dieser Kulturdeterminismus gilt nicht nur für das Verhältnis von Kultur und Gesellschaft, sondern auch für das von Normen und Interessen: »I believe that, within the social system, the normative elements are more important for social change than the ›material interests‹ of constitutive units.«[37] Diese Formulierung läßt sich in meinen Augen so lange verteidigen, wie sie im Sinne des Zitats von Max Weber gemeint ist: Weltbilder sind Weichensteller, doch sind sie, um im Bild zu bleiben, nicht auch schon die Bahnen noch die ›Kräfte‹, mit deren Hilfe man sich auf diesen Bahnen bewegt. Nur Institutionalisierungen schaffen die

Bahnen und nur Interessen die ›Bewegungskräfte‹. Es steht für mich außer Zweifel, daß Talcott Parsons seinen Kulturdeterminismus in diesem Sinne verstanden wissen will.[38] Doch muß man ihn darüber hinaus auf dem Hintergrund der vorausgegangenen Überlegung lesen. Und in diesem Zusammenhang bekommt er eine Note, die zwar vielleicht mit der Position von Durkheim, nicht aber mit der von Weber vereinbar ist. Sie hängt mit der Sonderstellung des fiduciary subsystems innerhalb der Gesellschaft zusammen, ja, mit der Sonderstellung der L-Funktion innerhalb der Architektur des Gesamtsystems. Danach hat das Kultursystem nicht nur einen Kontrollprimat, es realisiert ihn auch auf gesellschaftlicher Ebene über die kulturellen Institutionen. Diesen wird aber damit a priori ein faktischer Primat über die anderen gesellschaftlichen Institutionen eingeräumt.

Ich bin der Meinung, daß man nicht gezwungen ist, diese Konsequenz zu übernehmen, insbesondere dann nicht, wenn man an einem realistischen handlungstheoretischen Bezugsrahmen festhält und zugleich Kultur unzweideutig zum handlungs*bezogenen* System erklärt. Kultur läßt sich, im Sinne von Karl Poppers dritter Welt, als die Welt der intelligiblen Gegenstände fassen,[39] die teilweise in äußeren Objekten manifestiert sein können. Sie ist eine mehr oder weniger generalisierte und systematisierte Welt der Gegenstände des Denkens, des ›Wertens‹ und des Ausdrucks. Als solche ist sie von vergesellschafteten Menschen geschaffen und muß über deren Orientierungen aktualisiert werden. Doch geht sie in ihren Schöpfern und Trägern nicht auf. Sie kann vielmehr über Tradierung beide überdauern. Deshalb erreicht sie eine zeitliche Kontinuität, die sowohl die einer Person wie die einer Institution übersteigen kann. In diesem Sinne ist sie tatsächlich in hohem Maße selbständig. Aber: Historisch-empirische Geltung kommt ihr nur mittels Institutionalisierung und Internalisierung zu. Diese markieren Selektions- und Spezifikationsprozesse: Selektionsprozesse, weil, im Sinne Poppers, immer nur eine »endliche Anzahl aus den unendlich vielen Gegenständen jeweils Gegenstände des Denkens«, des ›Wertens‹ und des Ausdrucks werden können;[40] Spezifikationsprozesse, weil diese Gegenstände zunächst ziel- und situationsindifferent sind. All dies braucht man freilich nicht gegen Talcott Parsons, man kann es vielmehr mit ihm sagen. Denn es gehört zum Grundbestand seiner Theorie. Mehr noch: Klarer als die meisten soziologischen Theoretiker hat er auf den relationalen Charakter von Sinn verwiesen, auf die Tatsache, daß man Sinn weder dem Aktor noch dem Objekt zuschreiben darf, sondern nur der Beziehung, die zwischen beiden mittels Orientierungen und Handlungen hergestellt wird.[41] Kultur als objektiver Geist bedarf nicht nur des subjektiven Geistes zu ihrer Aktualisierung, sie ist selbst ein Gebilde, das neben der Objektseite gleichsam geronnene Orientierungsleistungen umfaßt. Talcott Parsons hat dies unter anderem an der menschlichen Sprache erläutert. Sprache läßt sich zunächst als phonetisch-semantisches Integrat charakterisieren. Sie ist ein Objekt, auf das hin der Sprecher orientiert ist, sie stellt aber auch ein Muster von Orientierungen bereit. Als Orientierungsmuster bietet sie einen ›Wertmaßstab‹, einen Code, für ›richtiges‹ Sprechen. Dieser besteht aus einem Form-Muster und einer Synthax, aus einem ›Basiswert‹ und aus einer Norm, die die Verwendung von lexikalischen Ausdrücken und Morphemen regelt, deren Bedeutung wiederum durch die Sprecher selber, durch die Sprachgemeinschaft, standardisiert werden muß. Was aber für die Sprache gesagt werden kann, gilt letztlich für alle intelligiblen Gegenstände: Sie sind Objekte und Orientierungsmuster mit Struktur- und Bedeutungskomponenten, die ihre Schöpfer und Träger überdauern, aber dennoch nur durch sie und in ihnen ihr Leben haben.[42]

Eine an Weber anschließende realistische Handlungstheorie, die zugleich Kultur als handlungsbezogenes System begreift, kann diese Einsichten übernehmen. Sie braucht auch nicht die Unterscheidung in Kultur, soziales System, Person und Organismus zu verwerfen. Denn diese vier Komponenten des allgemeinen Handlungssystems sind bei Weber, wenn auch in anderer Fassung und mit anderen Konsequenzen, berücksichtigt: Der Organismus-Person-Komplex in den Begriffen des reaktiven Sich-Verhaltens, des Handelns und des sozialen Handelns, das soziale System in den Begriffen soziale Beziehung und soziale Ordnung, das kulturelle System im Begriff des Sinnzusammenhangs. Auch die These von der Kontrollhierarchie kann man in abgewandelter Form übernehmen. Ich möchte sie auf eine Hierarchie sozio-kultureller Steuerungssprachen (Werte, Normen, Ziele, Mittel) und auf eine allerdings davon getrennte Hierarchie sozialer Ordnungsniveaus beziehen (Gesamtordnungen, Lebensordnungen, Organisationen, Rollen).[43] Eine realistische Handlungstheorie kann sich aber vor allem an die relationale Fassung des Sinnbegriffs halten. Nur so darf sie hoffen, daß ihr eine Verbindung der bei Weber ja weitgehend unverbunden gebliebenen Typologie des Handelns mit seiner Typologie der Wertsphären sowie der Lebensordnungen gelingt. Sie muß aber vor allem die Systematisierungsmöglichkeiten nutzen, die die entfaltete voluntaristische Theorie des Handelns für diese beiden Typologien Webers bietet. Sie aber sind in meiner Sicht in erster Linie im Modell I repräsentiert. Diese Systematisierungsmöglichkeiten will ich zunächst prüfen. Dann will ich zeigen, an welchem Punkt ein mit Hilfe von Modell I rekonstruierter Weber von Modell II abweicht.

Talcott Parsons hat die Umrisse seiner voluntaristischen Theorie des Handelns in erster Linie aus der Beantwortung einer Frage gewonnen. Sie lautet: Welcher Bezugsrahmen ist für eine wissenschaftliche Analyse des Handelns adäquat? Diese Frage hat zwei Seiten, die man metatheoretisch und theoretisch nennen könnte. Metatheoretisch gesehen geht es um die Konstruktion *des* Bezugsrahmens des Handelns, und dies impliziert erkenntnistheoretisch-methodologische Fragen, theoretisch geht es um eine Konstruktion *im* Bezugsrahmen des Handelns, und dies impliziert sachliche Fragen, etwa Fragen nach einer angemessenen Identifizierung und Charakterisierung von Handlungskomponenten, die wiederum eine angemessene Klassifikation von Handlungs-, später von Systemmodalitäten erlaubt. Beide Seiten sind gewissermaßen Seiten derselben Medaille. Dies erklärt die eigentümliche Verschränkung von erkenntnistheoretisch-methodologischen und sachlichen Fragen, die die Parsonssche Position von Beginn an beherrscht.[44]

Wie wird nun diese Frage zunächst beantwortet? Ich glaube durch drei Thesen. Die erste ist eher erkenntnistheoretischer, die zweite methodologischer und die dritte sachlicher Natur. Die erkenntnistheoretische These behandelt das Verhältnis von Begriff und Wirklichkeit: Sie nimmt Stellung gegen Empirismus und Fiktionalismus und für das, was Parsons analytischen Realismus nennt.[45] Die methodologische These behandelt alternative Begriffe des Handelns: Sie nimmt Stellung gegen die Identifikation von Verhalten und Handeln sowie gegen die von Sinn und Handeln und plädiert für eine Theorie der sinnhaften Handlungsorientierung. Damit verbunden ist ein Kampf gegen die Vorherrschaft des Reiz-Reaktion-Schemas und des Sinn-Ausdruck-Schemas in der Handlungstheorie. Ins Zentrum wird vielmehr das

Zweck-Mittel-Schema gerückt. Nicht zufällig ist der Studie über die Struktur des menschlichen Handelns die Formulierung Webers vorangestellt, daß jede denkende Besinnung auf die letzten Elemente sinnvollen menschlichen Handelns *zunächst* an die Kategorien Zweck und Mittel gebunden sei.[46] Dies aber ist zugleich ein Kampf gegen Determinismus und Emanatismus und für Voluntarismus: gegen die Reduktion von Handeln auf letzte Bedingungen genauso wie gegen seine Reduktion auf einen letzten Wert. Die sachliche These behandelt die konstitutiven Handlungselemente: Sie nimmt Stellung gegen den radikalen Rationalismus bzw. Intellektualismus und gegen den Antirationalismus bzw. Antiintellektualismus und für die Kombination von rationalen und *nicht*rationalen bzw. intellektuellen und *nicht*intellektuellen Komponenten im Handlungszusammenhang. Diese drei Thesen sind aus der Diagnose der theorieimmanenten Schwierigkeiten von zwei soziologischen Traditionen gewonnen: einer, die sich in ein positivistisch-utilitaristisches Dilemma, und einer, die sich in ein idealistisch-historisches Dilemma verstrickt.[47] In beiden Traditionen, so jedenfalls lautet die problemgeschichtliche These, entstehen Positionen, die, von verschiedenen Ausgangspunkten aus, zu einer voluntaristischen Theorie des Handelns konvergieren. Sie läßt sich so charakterisieren: 1. Sie unterscheidet die strukturellen Elemente Zweck, Mittel, Bedingung und Norm. 2. Sie führt den Handelnden als eine Instanz ein, die diese strukturellen Elemente aktiv, ja, kreativ mittels Orientierungen verbindet. 3. Sie verlegt diese Orientierungen in das Bewußtsein des Handelnden. 4. Sie sieht den Handlungszusammenhang temporal. Sie kombiniert deshalb nicht nur Begreifen und Verstehen, sondern analysiert Handeln in erster Linie im teleologischen Schema: »... the main formal outline of the means-end schema is *inseparable* from the conception of action.«[48]

Was läßt sich aus dieser umrißhaften Darstellung einer voluntaristischen Theorie des Handelns folgern? Ich sehe vor allem vier Implikationen. 1. Handeln und Bewußtseinsfähigkeit gehören zusammen. Als Handlungssubjekt kommt nur eine Instanz in Frage, die bewußtseinsfähig ist. In diesem Sinne hat Max Weber den Begriff des Handlungssubjekts eingrenzen wollen, nach ›unten‹ gegenüber dem Organismus, nach ›oben‹ gegenüber einer bloß fiktiven Zurechnungsinstanz.[49] 2. Handeln impliziert Bewußtseinsprozesse. Diese haben einen Objektbezug und stehen unter Bedingungen, die sich nicht nur auf die Welt der ›Natur‹, sondern auch auf die der ›Werte‹, auf eine empirische wie eine nichtempirische Wirklichkeit, erstrecken. In diesem Sinne hat Emile Durkheim Bewußtseinsprozesse, besser: Vorstellungsprozesse, klassifizieren wollen, durch die Unterscheidung in eine physische und eine psychische Welt, in eine ›natürliche‹ und eine ›intelligible‹ Welt, einerseits, durch die Unterscheidung in individuelle und kollektive Vorstellungen andererseits.[50] 3. Bewußtseinsprozesse als Vorstellungsprozesse enthalten symbolgesteuerte Bewertungskomponenten. Das Handlungssubjekt bewertet mittels Standards seine Motive bzw. Interessen und die Objekte, auf die es sich bezieht. Handeln bedeutet eine in diesem Sinne symbolisch geordnete Objektbeziehung. Sie kann sowohl rational wie nichtrational sein. Eine symbolisch geordnete Objektbeziehung ist eine notwendige, aber keine hinreichende Bedingung für Handeln. Sie muß auch nicht als *bewußte* Phase dem Handeln vorangegangen sein. 4. Diese Subjekt-Objekt-Beziehung kann zunächst im teleologischen Schema analysiert werden. Doch reicht dieses in der Regel nicht aus. Man muß es deshalb um das Reiz-Reaktion-Schema, vor allem aber um das Sinn-Ausdruck-Schema erweitern. Dies setzt eine Theorie der Erklärung und eine Theorie der Deutung, die motivationsmäßiges Verstehen und Sinnverstehen gleichermaßen begreift, sowie eine Verbindung dieser beiden Theorien voraus.[51]

Eine Theorie des Handelns, die diese Folgerungen weitgehend beachtet, hat Talcott Parsons mit dem Modell I entwickelt, wobei mich nicht die erkenntnistheoretische und die methodologische, sondern die sachliche Seite interessiert. Dieses Modell I, das selbst in Varianten vorliegt und das ich in seiner letzten Fassung, nämlich in seiner Verbindung mit Modell II, aufnehme, antwortet vor allem auf drei Fragen: 1. Was sind die Objekte, die Handlungssituationen kennzeichnen können? 2. Was bedeuten diese Objekte für das Handlungssubjekt? 3. Wie bewertet das Handlungssubjekt seine Motive gegenüber diesen Objekten? Die Antwort auf die erste Frage führt zu einer Klassifikation von Objekten, die das Durkheimsche Schema erweitert, indem die Unterscheidung in physisch und psychisch mit der in nichtreaktionsfähig und reaktionsfähig verbunden wird. Danach sind soziale Objekte nur solche, die als psychisch und reaktionsfähig gelten können, nichtsoziale Objekte aber solche, auf die eine dieser Eigenschaften oder beide nicht zutreffen. Nichtsoziale Objekte wiederum unterscheiden sich untereinander vor allem danach, ob sie von einem Subjekt internalisiert werden können. Dies gilt nur für kulturelle Objekte, während die übrigen nichtsozialen Objekte allenfalls konsumierbar sind. Soziale Objekte wiederum lassen sich danach gliedern, wo sich der Organisationsschwerpunkt von Handlungen befindet, ob beim einzelnen oder bei einer Vielzahl von Individuen. Die Antwort auf die beiden anderen Fragen führt zu dem Schema der vier Entscheidungs- bzw. Bewertungsalternativen, wobei zwei der Objektbewertung (Qualität – Leistung und Universalismus – Partikularismus), zwei der Motivbewertung (Affektivität – Neutralität und Diffusität – Spezifität) zugeordnet sind. Durch Kreuztabellierung dieser beiden Sätze von Entscheidungs- bzw. Bewertungsalternativen, des »modality set« und des »orientation set«, lassen sich vier Objekt- und vier Interessenbewertungen identifizieren, von denen man vermuten kann, daß sie in einer nichtzufälligen Beziehung zueinander stehen.[52] Trifft dies zu, so gibt es vier fundamentale Handlungsorientierungen und vier Weisen der Symbolisierung. Über diese Symbolisierung wird die Welt der ›Werte‹, die Kulturwelt einer Gesellschaft, konstruiert. Diese Kultur umfaßt im Sinne Durkheims die individuellen Handlungsorientierungen in ihrer kollektiven Fassung, sie besteht aus kollektiven Orientierungsmustern, deren Handlungsrelevanz über Institutionalisierung und Internalisierung gesichert werden muß. Die individuellen Handlungsorientierungen aber kann man religiös, moralisch, kathektisch und instrumental, die ihnen wahlverwandten kollektiven Orientierungsmuster konstitutiv-existentiell, evaluativ, expressiv und kognitiv nennen. Dies sind jene vier ›Wertsphären‹, die Talcott Parsons nicht nur im Rahmen des Modells I, sondern auch im Rahmen des Modells II verwendet und für die es klassische Vorläufer gibt.[53]

Diese grundbegrifflichen Entscheidungen lassen sich mit Hilfe der von Talcott Parsons vorgelegten schematischen Übersichten verdeutlichen, die hier in leicht modifizierter Form wiedergegeben werden. Danach gibt es zwei Objektklassifizierungen. Die eine stellt gleichsam auf den Objekten innewohnende Eigenschaften, die andere auf ihre symbolischen Eigenschaften ab. Ähnliches müßte eigentlich für die Motiv- bzw. Interessenseite gelten. Ich verwende Webers Unterscheidung in materielle und ideelle Interessen als eine solche, die mit den Interessen innewohnenden

Eigenschaften operiert. Zwischen den intrinsischen und den symbolischen Eigenschaften von Objekten und Interessen bestehen natürlich Beziehungen. Doch gilt zunächst Durkheims Satz, daß symbolische Eigenschaften den ›Objekten‹ auferlegt, hinzugefügt sind. Gerade er sucht ja zu demonstrieren, welche Objekte etwa in der bisherigen Geschichte der Menschheit schon als heilig gegolten haben: Tiere, Pflanzen und Steine genauso wie Götter, Gruppen und Individuen.[54]

Klassifikation von Objekten

|           | nichtreaktionsfähig | reaktionsfähig |
|-----------|---------------------|----------------|
| physisch  | leblose Körper      | Organismen     |
| psychisch | Symbolsysteme       | soziale Objekte<br>a. Personen<br>b. soziale Ordnungen |

Klassifikation von Objektmodalitäten (»modality set«)

|                 | Qualität               | Leistung           |
|-----------------|------------------------|--------------------|
| Universalismus  | Objekte des Respekts   | nützliche Objekte  |
| Partikularismus | Identifikationsobjekte | kathektische Objekte |

Klassifikation von Interessenmodalitäten (»orientation set«)

|            | Neutralität                          | Affektivität                      |
|------------|--------------------------------------|-----------------------------------|
| Diffusität | Interesse an Verpflichtung           | Interesse an Zugehörigkeit        |
| Spezifität | Interesse an instrumenteller Verwertung | Interesse an konsumtiver Verwertung |

## Klassifikation von Handlungsorientierungen

| Objektmodalitäten<br>Interessenmodalitäten | Objekte des Respekts | Objekte der Identifikation | Kathektische Objekte | Nützliche Objekte |
|---|---|---|---|---|
| Interesse an Verpflichtung | (religiöse Orientierung) konstitutiv | | | |
| Interesse an Zugehörigkeit | | moralische Orientierung evaluativ | | |
| Interesse an konsumtiver Verwertung | | | kathektische Orientierung expressiv | |
| Interesse an instrumenteller Verwertung | | | | instrumentelle Orientierung kognitiv |
| Kriterien der Objektbewertung | *Universalismus*-Qualität | Partikularismus-Qualität | Partikularismus-Leistung | *Universalismus*-Leistung |
| Kriterien der Interessenbewertung | *Neutralität*-Diffusität | Affektivität-Diffusität | Affektivität-Spezifität | *Neutralität*-Spezifität |
| Handlungstypen Max Webers 1. Version | wert-*rational* | affektuell | | zweck*rational* |
| Handlungstypen Max Webers 2. Version | charismatisch | wert*rational* | affektuell | zweck*rational* |

Wie steht diese Klassifikation von Handlungsorientierungen und Symbolsystemen zu Webers Typologie des Handelns und der Wertsphären bzw. Lebensordnungen? Wenden wir uns zuerst der Handlungstypologie zu. Zunächst: Weber hat ja bekanntlich für seine Grundbegriffe des Handelns keine Vollständigkeit beansprucht. Er hat seine Handlungstypologie als das grundbegriffliche Minimum für seine materialen Analysen eingeführt. Dennoch: Auch wenn man dies in Rechnung stellt, bleibt diese Typologie unbefriedigend. Sie vermischt nämlich Dimensionen, worauf Talcott Parsons schon 1937 zu Recht hingewiesen hat.[55] Bei der Unterscheidung zwischen zweckrationalem, wertrationalem traditionalem und affektuellem Handeln werden in meinen Augen zwei Dimensionen verwendet: eine strukturelle oder, in der Parsonsschen Terminologie, analytische und eine entwicklungsgeschichtliche. Die strukturelle Dimension mit der Unterscheidung in Zweckorientierung, Wertorientierung und affektuelle Orientierung und die entwicklungsgeschichtliche Dimension mit der Unterscheidung in traditional und rational werden verbunden. Nicht jedes zweck- oder wertorientierte Handeln ist aber im historischen Sinne rational, und traditionales Handeln kann, wie gerade Webers materiale Analysen zeigen, sehr wohl zweck- oder wertorientiert auftreten.[56]

Webers Typologie enthält also zunächst nicht vier, sondern nur drei strukturelle Handlungsorientierungen: Die Zweckorientierung, die Wertorientierung und die affektuelle Orientierung. Im Sinne der voluntaristischen Theorie des Handelns lassen sich die ersten beiden als intellektuell, die dritte als nichtintellektuell bezeichnen. Damit wird die Richtung angezeigt, in der sie entwicklungsfähig sind. Die ersten beiden unterliegen der Rationalisierung, die dritte der Subjektivierung. Darin spiegelt sich eine für die Webersche Religionssoziologie wichtige Einsicht: daß zwischen Wissen und Erleben, zwischen einem wissens- und einem erlebnisbestimmten Handeln, ein fundamentaler Konflikt entstehen kann. Dieser Konflikt aber radikalisiert sich in dem Maße, wie beide ihren eigenen Gesetzen folgen. Um diese Entwicklung zu bezeichnen, könnte man auf die Webersche Unterscheidung in Rationalisierung und Sublimierung zurückgreifen, die er freilich nicht in diesem Sinne begriffsstrategisch verwendet hat.[57]

Setzt man diese drei Arten der Handlungsorientierung bei Weber mit der Parsonsschen Klassifikation in Beziehung und beachtet dabei seine Beschreibung der Handlungsorientierungen mit Hilfe des pattern-variable-Schemas, so müßte man zunächst die Wertorientierung der religiösen und die Zweckorientierung der instrumentellen Handlung zuordnen.[58] Die affektuelle Orientierung aber wäre mit der moralischen und der kathektischen Handlung verknüpft. Nun muß diese Zuordnung auf den ersten Blick überraschen. Sie scheint selbst dann wenig überzeugend, wenn man, wie Talcott Parsons dies tut, die Freudschen Theorien der Gewissensbildung unterstellt. Bei Weber scheint tatsächlich ein nach der Parsonsschen Klassifikation zentrales Orientierungsmuster zu fehlen. Darin könnte die Unvollständigkeit der Weberschen Handlungstypologie bestehen. Doch auf den zweiten Blick wird ein interessanter Zusammenhang sichtbar. Das, was Weber affektuelles Handeln nennt, schließt nämlich zwei fundamental verschiedene Orientierungen ein. Affektuell ist nach Weber ja nicht nur ein erotisch, künstlerisch oder konsumtiv orientiertes Handeln, sondern auch und gerade die charismatische Orientierung. Und das Charisma gilt bekanntlich in seiner Soziologie als die wertstiftende Kraft schlechthin. Daraus aber folgt: Weber hat tatsächlich wie Parsons vier strukturelle Handlungsorientierungen im Auge, zwei, die intellektuell und damit rationalisierungsfähig, und zwei, die nichtintellektuell und damit allenfalls sublimierungsfähig sind.[59]

Doch damit sind die Vergleichsmöglichkeiten noch nicht erschöpft. Denn die Hauptthesen der Weberschen Soziologie legen ein Rearrangement der Zuordnungen nahe. Die charismatische Orientierung ist bei Weber nicht nur affektuell gefärbt, sie sitzt auch im Vergleich zu den gedanklich kontrollierten Handlungsorientierungen tiefer. Sie gibt das wieder, was man mit Parsons auch eine existentielle Handlungsorientierung nennen kann. Das Charisma gilt für Weber als die schöpferische Macht in der Geschichte. Sowohl als magisches Charisma, als religiöses Charisma wie auch als Charisma der Vernunft hat es in der Geschichte eine konstitutive Rolle gespielt.[60] Gewiß: Gerade der Zerfall des Charisma der Vernunft und die damit verbundene Subjektivierung der Glaubensmächte in der Moderne hat die charismatische Orientierung in ihrer Bedeutung für die gesellschaftliche Konstitution gegenüber den gedanklich kontrollierten Orientierungen, gegenüber den Mächten des Verstandes, zurücktreten lassen. Und es gehört zur Weberschen Gegenwartsdiagnose, daß deshalb die moderne Gesellschaft zu einem kollektiven konstitutiven Symbolismus von der Art der Weltreligionen oder der Aufklärungsidee nicht mehr fähig ist. Aber die charismatische Orientierung bleibt gegenüber dem theoretisch-empirischen und moralisch-praktischen Kognitivismus der Moderne ein Stachel. Deshalb die andauernde Bedeutung der Erlösungsreligionen für die Orientierung von Menschen unter den Bedingungen eines Rationalismus der Weltbeherrschung, aber auch die ständig wachsende Bedeutung der »intensivsten Erlebnisarten des Daseins«: der Erotik und der Kunst.[61] Diese Zusammenhänge hat Weber bekanntlich in der Zwischenbetrachtung entfaltet. Und nicht nur die Studie über die protestantische Ethik, sondern gerade auch dieser Text macht deutlich, daß er, ähnlich wie Durkheim, als Soziologe, nicht als stellungnehmender Mensch von der historischen und strukturellen Bedeutung der nichtrationalen Elemente gesellschaftlicher Rationalität ausgegangen ist.[62]

Die voluntaristische Theorie des Handelns regt also dazu an, die Weberschen Handlungstypen zu reformulieren. Sie lenkt die Aufmerksamkeit auf begriffliche Mittel, die bei Weber eher beiläufig eingeführt sind. So kann man vier Handlungsorientierungen danach unterscheiden, ob sie in erster Linie wissens- oder erlebnisbestimmt und ob sie auf Probleme der inneren oder der äußeren Not bezogen sind. Diesen Handlungsorientierungen können Bewußtseinsformen zugeordnet werden: der charismatischen das existentielle Bewußtsein, der wert-›rationalen‹ das moralische Bewußtsein, der zweck-›rationalen‹ das kognitive Bewußtsein und der affektuellen das sinnliche Bewußtsein. Mit der Unterscheidung dieser Orientierungsarten und Bewußtseinsformen ist zugleich eine entwicklungsgeschichtliche These verbunden: Während das moralische und das kognitive Bewußtsein mit der Entwicklung der Moderne rationalisiert werden, werden das existentielle und das sinnliche Bewußtsein subjektiviert. Dies ist die große Gegenbewegung, die die moderne Gesellschaft kennzeichnet. Und sie ist zugleich Ausdruck der Struktur ihrer Kultur.

Klassifikationen von Handlungsorientierungen und
Bewußtseinsformen im Anschluß an Weber

|  | wissensbestimmt | erlebnisbestimmt |
|---|---|---|
| Probleme der inneren Not | wert›rational‹ (moralisches Bewußtsein) | charismatisch (existentielles Bewußtsein) |
| Probleme der äußeren Not | zweck›rational‹ (kognitives Bewußtsein) | affektuell (sinnliches Bewußtsein) |

Was aber kann man aus dieser Klassifikation für Webers Typologie der Wertsphären und Lebensordnungen lernen, was für die Zuordnungen, die zwischen Handlungsorientierungen und Symbolsystemen bestehen? Zunächst: Weber hat ja bekanntlich die Wertsphären und Lebensordnungen, die er häufig miteinander identifiziert, gleichsam deskriptiv aufgenommen und sich gegen ihre vollständige Systematisierung, gegen ein System der Werte, geradezu gesperrt. Dennoch: Auch wenn man die Ableitung einer Wertetafel nach dem Scheitern der Wertphilosophien nicht mehr für möglich hält, bedarf es einer begründeten Auszeichnung von Wertsphären, mit denen sich eine Handlungstheorie, die zugleich Makrophänomene behandeln will, beschäftigen muß. Weber scheidet zwar klar zwischen Wert- und Wirklichkeitssphäre, und er stellt auch in seiner Kulturtheorie die interessenbezogene Wertverwirklichung in den Mittelpunkt. Doch ist zugleich ohne nähere Begründung von jenseitigen und diesseitigen, inneren und äußeren, ethischen und kulturellen, wissenschaftlichen, ästhetischen und erotischen Werten bzw. Gütern die Rede, und in der Zwischenbetrachtung werden der religiösen Brüderlichkeitsethik in bunter Folge die naturgegebene Sippengemeinschaft, die Ökonomie, die Politik, die Kunst, die Erotik und schließlich der »Rationalismus der empirischen Wissenschaft« gegenübergestellt.[63] Will man aber das Verhältnis von Gesellschaft und Kultur bestimmen, so muß man nicht nur unmißverständlich zwischen Wertsphären und Lebensordnungen unterscheiden, sondern auch eine Theorie der Differenzierung von Wertsphären entwickeln, sowie die Verbindung angeben, die zwischen ihr und einer Theorie der Lebensordnungen besteht. Sie aber muß, folgt man Webers eigenen Prämissen, in einer Theorie der Wertverwirklichungsweisen liegen, in einer Theorie der institutionellen Differenzierung also, die zwischen Wertsphäre und Wirklichkeitssphäre keine beliebigen Beziehungen unterstellt.

Bezieht man die reformulierten Handlungsorientierungen auf die Zwischenbetrachtung, so liegt es nahe, vier große Wertsphären zu identifizieren: die religiöse Sphäre, die ethische Sphäre, die expressive Sphäre, die Kunst und Erotik einschließt, und die Erkenntnissphäre. Nun ist aber schon an den wenigen Bemerkungen über Webers Gegenwartsdiagnose deutlich geworden, daß Religion, Ethik und Charisma in einer eigentümlichen Beziehung zueinander stehen. In historischer Perspektive bildeten sie zusammen über weite Strecken die ideelle Grundlage, den ideellen Unterbau, der gesellschaftlichen Konstitution.[64] Die Differenzierung von religiöser und ethischer Sphäre sowie die kognitivistische Durchdringung der Ethik, am konsequentesten wohl in der Ethik Kants geleistet, waren in Webers Sicht von einer Entmachtung der Religion und des Charisma begleitet. Dadurch wurde die ideelle Grundlage, der ideelle Unterbau, der gesellschaftlichen Konstitution subjektiviert. Um diesen Zusammenhang noch terminologisch abdecken zu können, möchte ich deshalb Talcott Parsons' Vorschlag übernehmen: Religion ist nur *ein* Fall existentieller Interpretation und konstitutiver Symbolisation. Eine Kultur umfaßt also vor allem vier große Symbolsysteme: den konstitutiven Symbolismus, den evaluativen Symbolismus, den expressiven Symbolismus und den kognitiven Symbolismus. Doch ist der konstitutive Symbolismus in der Gegenwart nicht nur subjektiviert, er ist auch gleichsam reflexiv geworden. Er legt ein Orientierungsmuster nahe, das das reflektierende Individuum in den Mittelpunkt rückt. Darin scheint sich ein so interpretierter Weber mit Durkheims Gegenwartsdiagnose, aber auch mit der von Talcott Parsons zu treffen: mit der These vom Kult des Individuums, mit der These, der konstitutive Symbolismus der Gegenwart lasse sich als institutionalisierter Individualismus verstehen.[65]

Und noch ein anderer Gesichtspunkt läßt sich an dieser Stelle einführen. Symbolsysteme, verstanden als kollektive Orientierungsmuster, stellen nicht nur Orientierungsmöglichkeiten, sondern zugleich auch Orientierungsstandards, Geltungsstandards, bereit. Schon in der voluntaristischen Theorie des Handelns wurden solche Standards entwickelt. Jürgen Habermas hat sie in jüngster Zeit auf sprachtheoretischer Basis neu zu begründen versucht.[66] Dabei will er sie zugleich mit formalen Weltverhältnissen verknüpfen. Diese Geltungsstandards sind die der objektiven Wahrheit, der normativen Richtigkeit und der subjektiven Wahrhaftigkeit. Ihre Übernahme schafft ein objektivierendes, ein normierendes und ein subjektivierendes Weltverhältnis, und daraus entstehen die objektive Welt, die sozio-kulturelle Lebenswelt und die Innenwelt. Diesen Geltungsstandards, Grundeinstellungen und Welten ist aber nun das reflexive Weltverhältnis ›übergeordnet‹. Es scheint dem verwandt, was man mit Parsons die konstitutive Welt, den konstitutiven Symbolismus, nennen kann. Diese Ebene aber wird bei Habermas gleichsam rationalistisch begründet. In der Soziologie Durkheims, Webers, vermutlich auch in der Parsons' dagegen wird diese Ebene als der Bereich des Heiligen und des Charismatischen, also nichtrationalistisch, eingeführt. Möglicherweise lassen sich Gesellschaftstheorien danach unterscheiden, wie sie in dieser Frage optieren: ob sie die ideelle Konstitution von Gesellschaften in diesem Sinne als rationalistisch begründbar ansehen oder nicht.

Damit sind die wichtigsten begrifflichen Voraussetzungen für eine Theorie der institutionellen Differenzierung geschaffen, eine Theorie, die nicht in die Schwierigkeiten von Modell II führen soll. Diese Theorie muß deshalb zwei Thesen verteidigen: 1. Die Kultur ist auf Lebensordnungen bezogen und *alle* Lebensordnungen auf Kultur; dies nicht nur in dem Sinne, daß für alle Lebensordnungen die kulturelle Komponente als Sinnkomponente in ihrer objektiven Gestalt konstitutiv ist, sondern auch in dem Sinne, daß alle Lebensordnungen Zonen der Interpenetration zwischen Kultur und Gesellschaft ausbilden. 2. Zwischen den vier identifizierten Wertsphären und den Lebensordnungen müssen nichtzufällige Beziehungen begründet werden, aber so, daß dies zu keiner apriorischen Festlegung des faktischen Vorrangs einer Lebensordnung führt. Eine solche Theorie hat also fundamentale Interpenetrationsbeziehungen zu identifizieren. Denn eine *soziologische* Theorie des Verhältnisses von Kultur und Gesellschaft muß eine Theorie der »kollektiven Wertverwirklichung« sein.

Bevor ich versuchen kann, diese Theorie in Umrissen zu skizzieren, muß allerdings noch eine begriffliche Vorüberlegung eingeschaltet werden. Denn bisher wurden zwar Handlungsorientierungen und Symbolsysteme charakterisiert, nicht aber Lebensordnungen, über die der gesellschaftliche Handlungszusammenhang aufgebaut ist. Talcott Parsons hat dafür das Sozialsystem mit seinen vier Subsystemen vorgeschlagen. Das Gliederungsprinzip ergibt sich aus dem AGIL-Schema und seiner Anwendung. Daraus entstehen das fiduciary system, die societal community, die polity und die economy.[67] Ich möchte, wiederum an Weber orientiert, einen davon leicht abweichenden Vorschlag machen. Dabei halte ich an der durch die voluntaristische Theorie des Handelns nahegelegten Unterscheidung in den Objekt- und den Interessenbezug von Handlungszusammenhängen fest. Lebensordnungen lassen sich dann danach unterscheiden, ob sie sich in erster Linie auf nichtsoziale oder soziale Objekte beziehen und ob dabei materielle oder ideelle Interessen im Vordergrund stehen. Durch Kombination dieser Dimensionen erhält man vier Gruppen von Lebensordnungen, die ich den Deutungskomplex, den Erziehungskomplex, den rechtlich-politischen Komplex und den technologisch-ökonomischen Komplex nenne. Jede Ordnungskonfiguration erfüllt in diesem Sinne wenigstens vier Funktionen: die Deutungsfunktion, die Sozialisations- und Inklusionsfunktion, die Sicherungsfunktion und die Versorgungsfunktion.[68]

Klassifikation gesellschaftlicher Lebensordnungen

| Interessen \ Objekte | nichtsozial | sozial |
|---|---|---|
| ideell | Deutungskomplex | Erziehungskomplex |
| materiell | technologisch-ökonomischer Komplex | rechtlich-politischer Komplex |

Wie ist nun Kultur auf diese Lebensordnungen bezogen, wie diese Lebensordnungen auf Kultur? Dazu kann man sich zunächst des Konzepts der Interpenetration bedienen, durch das ganz allgemein Prozesse wechselseitiger Verschränkung von Ebenen angezeigt werden. Folgt man Modell I *und* Modell II, so lassen sich zunächst, wie bereits gezeigt, drei dieser Prozesse identifizieren: Institutionalisierung für die Verschränkung von Kultur und Sozialsystem, Internalisierung für die von Sozialsystem und Person, Lernen für die von Person und Organismus. Im Modell II werden aber diese Prozesse nicht nebeneinander, sondern hintereinander geschaltet. Dadurch soll, wie Niklas Luhmann gezeigt hat, im allgemeinen Bezugsrahmen des Handelns die Einheit des Orientiertseins trotz Differenzierung gewährleistet werden, was zu einer Linearität des Systemaufbaus bei einer hierarchisch vermittelten Dualisierung des Annehmens und Ablehnens von Selektionsleistungen der jeweils höheren durch die jeweils niedrigere Ebene führt.[69] Dieser Gedanke bleibt aber nicht auf die Verschränkung von Teilsystemen verschiedener Ebenen beschränkt, sondern wird auf die Verschränkung der Teilsysteme derselben Ebene übertragen. Darin sehe ich den systematischen Grund für den Vorrang, der dem gesellschaftlichen Kultursystem unter den gesellschaftlichen Subsystemen zugebilligt wird.

Ich will diese Linearität des Systemaufbaus verlassen, ohne den Erkenntnisfortschritt, den Modell II gegenüber Modell I bietet, preiszugeben. Ich knüpfe dazu an die Unterscheidung der vier sozio-kulturellen Steuerungssprachen, Werte, Normen, Ziele und Mittel, an. Kultur, verstanden als Symbolsystem, formuliert einen Horizont von Handlungsmöglichkeiten. Aus diesem Horizont werden bestimmte Handlungsmöglichkeiten gesellschaftlich ausgewählt und konkretisiert. Dies impliziert vier Selektions- und Spezifikationsprozesse. Im Anschluß an die vier Steuerungssprachen nenne ich die Prozesse Wert- bzw. Sinnformierung, Normformierung, Zielformierung und Mittelformierung. Ein Symbolsystem ist gesellschaftlich erst dann verwirklicht, wenn alle vier Formierungen vollzogen sind. Sie geben deshalb fundamentale Weisen der Interpenetration zwischen Symbolsystemen und Lebensordnungen an. In struktureller Perspektive kann man die Wertformierung dem Deutungskomplex, die Normformierung dem rechtlich-politischen Komplex, die Zielformierung dem Erziehungskomplex, die Mittelformierung dem technologisch-ökonomischen Komplex zuordnen. Diese Komplexe sind vorrangig auf die vier identifizierten Wertsphären bezogen: der Deutungskomplex auf die konstitutive, der rechtlich-politische Komplex auf die evaluative, der Erziehungskomplex auf die expressive, der technologisch-ökonomische Komplex auf die kognitive Sphäre der Kultur. Diese Zuordnungen korrespondieren dem behaupteten Objektbezug der vier Komplexe: Die Wertformierung bezieht sich auf kulturelle Objekte, die Normformierung auf soziale Objekte als soziale Ordnungen oder soziale Beziehungen, die Zielformierung auf soziale Objekte als Personen und die Mittelformierung auf physische Objekte im weitesten Sinn.

Diese begriffsstrategische Entscheidung bedarf einer doppelten Erläuterung: 1. Interpenetration ist kein einseitiger, sondern ein wechselseitiger Prozeß. Er umfaßt in allen vier Fällen Sinnkonstruktion und Sinnspezifikation. Bei der Wertformierung überwiegt allerdings die Sinnkonstruktion. Sie ist, verglichen mit den anderen Formierungen, spezifikationsschwach. Daraus folgt, daß dem Deutungskomplex im Konzert der Lebensordnungen nur dann ein faktischer Primat zukommen kann, wenn es ihm gelingt,

Klassifikation von Interpenetrationsprozessen zwischen Kultur und Gesellschaft

| Interpenetrations- weise | Objektbezug | Weltausschnitt | Kollektive Bewußtseinsform |
|---|---|---|---|
| Wertformierung | Kulturelle Objekte | Sinnwelt | konstitutiv |
| Normformierung | soziale Objekte als Ordnungen | soziale Welt | evaluativ |
| Zielformierung | soziale Objekte als Personen | personale Welt | expressiv |
| Mittelformierung | physische Objekte | objektive Welt | kognitiv |

neben der Wertformierung eine der anderen Formierungen zu »monopolisieren«. Sind die vier Formierungsprozesse ausdifferenziert und verschiedenen institutionellen Komplexen zugewiesen, so hat der Deutungskomplex, in der Terminologie von Talcott Parsons das fiduciary subsystem, gerade eine geringe handlungsstrukturierende Kraft. 2. Für die Bestimmung der Verhältnisse dieser vier Formierungsprozesse zueinander kann man die Idee der Kontroll- und der Bedingungshierarchie in modifizierter Form verwenden. Im Sinne dieser Idee kann man sagen, daß die Wertformierung spezifikationsschwach, die Mittelformierung aber spezifikationsstark ist. Doch sind die vier Prozesse nicht deshalb a priori hintereinandergeschaltet, und sie sind bei ihren Anschlußselektionen nicht a priori auf die binäre Schematisierung von Annehmen oder Ablehnen festgelegt. Grundsätzlich freilich gilt, daß die Wertformierung *letztlich* den Möglichkeitshorizont von Handlungen kontrolliert, die Verwirklichung dieser Möglichkeiten aber *letztlich* durch die Mittelformierung bedingt bleibt. Insofern hängt es sowohl vom Weltbild *wie* vom Stand der Naturbeherrschung ab, welcher gesellschaftliche Handlungszusammenhang realisierbar ist. In der soziologischen Tradition ist die Bedeutung von Weltbildern für Handlungszusammenhänge in erster Linie von Max Weber, die Bedeutung des Stands der Naturbeherrschung aber in erster Linie von Karl Marx betont worden. Freilich hat nur Weber seine Einsicht unzweideutig nichtreduktionistisch formuliert. Marx dagegen ist in dieser Hinsicht zumindest zweideutig geblieben. Denn er hat die in meinen Augen richtige Einsicht, daß die Produktionsweise des materiellen Lebens den »sozialen, politischen und geistigen Lebensprozeß überhaupt« bedinge[70], in ambivalenter Weise mit der Einsicht gekoppelt, daß Moral, Religion, Metaphysik sowie sonstige Ideologien und die mit ihnen verbundenen Bewußtseinsformen unselbständig und deshalb zu keiner eigenen Geschichte, zu keiner eigenen Entwicklung, fähig seien.[71] Gewiß: Die Kultur ist kein Handlungssystem und insofern nicht selbständig. Doch die Handlungsbezogenheit der Kultur hebt die Kulturbezogenheit des Handelns nicht auf. Gewiß: Das kollektive Bewußtsein läßt sich in soziologischer Perspektive nicht anders denn als das bewußte Sein begreifen. Doch dieses Sein, dieser wirkliche Lebensprozeß, ist natur- und kulturbezogen zugleich. Zwischen dem materiellen und dem ideellen Leben darf man keinen einseitigen Determinationszusammenhang unterstellen, wenn man den Prämissen einer voluntaristischen Theorie des Handelns genügen will.

Kultur und Gesellschaft, Wertsphären und Lebensordnungen, stehen also in Interpenetrationsverhältnissen. Diese werden durch die vier Arten der Formierung charakterisiert. Sie lassen sich dem Objektbezug der Lebensordnungen zuordnen. Dadurch werden zwar in struktureller, nicht aber in entwicklungsgeschichtlicher Perspektive die Grundlinien institutioneller Differenzierung markiert. Sofern es in entwicklungsgeschichtlicher Perspektive unter kontingenten Bedingungen tatsächlich zu dieser Differenzierung kommt – und dies ist ein sehr voraussetzungsreicher Fall, was das Weltbild, den Stand der Naturbeherrschung wie die institutionellen Erfindungen angeht –, so müssen die Lebensordnungen die vier Formierungsprozesse intern noch einmal wiederholen. Dies ist die zentrale Einsicht von Modell II. Jeder Komplex verwirklicht dann die vier Wertsphären eines Weltbildes mit Rücksicht auf die Besonderheiten seiner Objektbeziehung. Wo dies der Fall ist, entsteht nicht nur ein hohes Maß an institutioneller Differenzierung, sondern auch ein hohes Maß an institutioneller Autonomie.

## Interne Differenzierung von Lebensordnungen

| Lebens-ordnung<br>For-mierung | Deutungs-komplex | Erziehungs-komplex | Rechtlich-politischer Komplex | Technologisch-ökonomischer Komplex |
|---|---|---|---|---|
| Wert | Religion und Weltanschauung | ›civil religion‹ | ›Verfassung‹ | ›Eigentum‹ |
| Norm | Ethik | Konvention | Recht | ›Austausch‹ |
| Ziel | Kunst | ›Geschmack‹ | Interessen-formation | Konsum |
| Mittel | Wissenschaft | Professionen | Regierung-Verwaltung | Produktion |

Dieser Fall scheint tendenziell für die modernen Gesellschaften zu gelten, jenes System moderner Gesellschaften, das seit der Reformation im okzidentalen Westen entstanden ist. Dieses ›System‹ scheint sich auf den horizontal-funktionalen Differenzierungstypus hinzubewegen, der funktionale Spezifizierung von Institutionen mit ihrer horizontalen Koordinierung kombiniert. Damit es zu dieser Entwicklungsrichtung kommen konnte, bedurfte es freilich nicht nur einer besonderen Weltbildentwicklung und einer beispiellosen Entwicklung der Naturbeherrschung, sondern auch einer Reihe von institutionellen Erfindungen als Antworten auf fundamentale gesellschaftliche Konflikte, durch die die Bahnen, in denen sich die Interessen weiterbewegen konnten, mitbestimmt worden sind. Überträgt man eine Überlegung von Seymour M. Lipset und Stein Rokkan, so sind vor allem drei gesellschaftliche Basiskonflikte für den Aufbau dieses funktional differenzierten Institutionengefüges bestimmend gewesen: der Konflikt zwischen den hierokratischen und politischen Gewalten um das Monopol des territorialen legitimen physischen Zwanges (Rechtsetzungsmonopol), der bereits im Mittelalter einsetzt; der Konflikt zwischen den hierokratischen und politischen Gewalten um das Monopol des legitimen psychischen Zwangs (Erziehungsmonopol); und der Kampf zwischen den ökonomischen und politischen Gewalten um das Monopol der Mittelallokation, der zunächst ein Kampf zwischen der Landaristokratie und dem aufsteigenden Handels- und Industriekapital in den Städten ist. Diese Konflikte sind auf der ereignisgeschichtlichen Ebene in erster Linie in der Reformation, in den demokratischen und in den industriellen Revolutionen zum Ausdruck gekommen. In diesen Revolutionen wird um die Beziehungen Zentrum-Peripherie, Staat-Kirche, Land-Industrie gerungen, und diese Beziehungen werden tendenziell durch Institutionendifferenzierung – in den Ländern des Westens je verschieden – gelöst.[72] Dies hatte trotz ähnlichen Weltbildes und vergleichbaren Standes der Naturbeherrschung unterschiedliche institutionelle Konfigurationen zur Folge. Daran zeigt sich, daß eine handlungstheoretisch fundierte Gesellschaftsgeschichte institutionelle Erfindungen als konstitutive Faktoren behandeln muß. Mehr noch: Bei einer solchen realistischen Perspektive muß man auch beachten, daß nicht alle gesellschaftlichen Basiskonflikte zu funktionaler Institutionendifferenzierung führen. Es kann auch zu Dedifferenzierungen oder zu Fusionierungen zuvor differenzierter Institutionen kommen, wie der vierte große gesellschaftliche Basiskonflikt der okzidentalen Moderne, der Konflikt zwischen Lohnarbeit und Kapital, zeigt. Er führt zwar auch teilweise zu neuen funktionalen Differenzierungen, etwa zwischen Parteien und Gewerkschaften, hat aber insgesamt ein Rearrangement des Verhältnisses von Politik und Ökonomie zur Folge. Dabei werden Prozesse der Mittel- und der Normformierung reintegriert. Eine genauere Bestimmung des Stellenwerts solcher Differenzierungs- und Dedifferenzierungsprozesse läßt sich freilich erst geben, wenn man die strukturellen Überlegungen zu einer Theorie der institutionellen Differenzierung mit einer entwicklungsgeschichtlichen Theorie verbindet. Sie muß in meinen Augen eine Theorie der Differenzierung in Ebenen mit einer Theorie der Differenzierung zwischen Ebenen verknüpfen, wofür die Unterscheidungen in segmental und funktional; horizontal und vertikal; in Wert, Norm, Ziel und Mittel; sowie in Gesamtordnung, Lebensordnung, Organisation und Rolle zur Verfügung stehen.[73]

Welche Konsequenzen sind mit diesem Rearrangement von Max Webers handlungstheoretischen Grundbegriffen verbunden? Führt die daraus entstehende Perspektive überhaupt zu einem

Anwendungsunterschied, verglichen mit Modell II? Um diese Frage klären zu können, möchte ich zum Schluß kurz zwei Gegenwartsdiagnosen einander gegenüberstellen, eine, die das Modell II, und eine, die der modifizierte Webersche Bezugsrahmen nahelegt. Ich konzentriere mich dabei auf den Stellenwert, der dem gesellschaftlichen Kultursystem, dem Deutungskomplex, im institutionellen Arrangement der westlichen Industriegesellschaften in beiden Perspektiven vermutlich zukommt. Die These ist, daß die unterschiedliche theoretische Einordnung der kulturellen Faktoren eine unterschiedliche Beurteilung der Bedeutung von Vorgängen im gesellschaftlichen Kultursystem für das Funktionieren dieser westlichen Industriegesellschaften bedingt.

In der bereits erwähnten Studie über die amerikanische Universität haben Talcott Parsons und Gerald Platt die Erziehungsrevolution analysiert, die in ihren Augen neben der demokratischen Revolution und der industriellen Revolution einen dritten Prozeß repräsentiert, durch den, nach der Konstitution des Systems der modernen Gesellschaften im 17. Jahrhundert in der Nordwestecke Europas, in Großbritannien, Holland und Frankreich, ein letztlich progressiver struktureller Wandel eingeleitet worden ist.[74] Diese Revolution erweitert nämlich die Kapazität von Individuen und Gruppen, bei der Wertverwirklichung Wissen einzusetzen. Sie ist aufs Ganze gesehen ein Vorgang, der trotz unverkennbarer nichtrationaler Nebenfolgen der Rationalisierung des Handelns auf breiter Front dient. Wie alle Prozesse revolutionären strukturellen Wandels ist aber auch dieser mit schweren sozialen Konflikten verbunden. Sie müssen jenes Subsystem treffen, dessen Aufgabe es ist, Wissen zu produzieren und anzuwenden: das gesellschaftliche Kultursystem. In dessen Kern ist die moderne Universität angesiedelt. Ihr wird im Zuge der Erziehungsrevolution nicht nur die Förderung des Wissens in seinen *verschiedenen* Aspekten aufgebürdet, sondern zunehmend auch »the cultural definition of the situation«, d. h. die gesamtgesellschaftliche Sinnkonstruktion.[75] Ein Ausdruck für den damit angezeigten konflikthaften Strukturwandel ist die Krise des akademischen Systems in den 60er Jahren, der Studentenprotest, der nahezu alle Universitäten in den Ländern, die von Beginn an oder durch Diffusion zum System der modernen Gesellschaften stießen, mit geringen zeitlichen Verschiebungen erschüttert hat. Dieser Krise aber darf kein bloß peripherer Charakter zugesprochen werden.

Sie sitzt vielmehr im Zentrum der modernen Gesellschaftssysteme. Denn sie ist Ausdruck für eine Verschiebung in den zentralen Steuerungsprozessen in diesen Gesellschaften. Und deren Konsequenzen bleiben deshalb nicht auf die akademischen Institutionen beschränkt, sondern strahlen auf das gesamte Institutionengefüge dieser Gesellschaften aus. Dies ist so, weil im Konzert der gesellschaftlichen Institutionen den kulturellen nicht nur der Primat zukommt, sondern unter diesen Institutionen vor allem jenen, die die wichtigsten kulturellen Resourcen produzieren, also, nach der Schwächung der Religion, den Universitäten, die mit ihrem Professionalismus die quasimonopolistischen Treuhänder des kognitiven Symbolismus geworden sind.

Wie hätte wohl Weber diesen Vorgang beurteilt? Welchen Stellenwert hätte er der Krise des akademischen Systems gegeben, welchen dem Studentenprotest? Man kann darüber natürlich nur spekulieren. Seine sarkastischen Äußerungen über den jugendlichen Kulturprotest seiner Zeit freilich waren deutlich genug. Doch interessiert nicht die subjektive Bewertung, sondern die objektive Perspektive. Und diese legt in meinen Augen zwar keine andere Einordnung, wohl aber eine andere Einschätzung der Konsequenzen dieses ansonsten von Talcott Parsons und Gerald Platt höchst differenziert durchanalysierten Vorganges dar. Zunächst: Auch im modifizierten Weberschen Bezugsrahmen wird man wie in Modell II dem Deutungskomplex vor allem folgende Teilordnungen zuweisen: Religion, Kunst, Ethik und Wissenschaft. Wie aber können diese nach Weber den Sinngebungszwang, unter dem auch die moderne Gesellschaft steht, erfüllen? Als Antwort auf diese Frage bieten sich seine Ausführungen aus der Zwischenbetrachtung und aus den beiden Reden über Wissenschaft als Beruf und Politik als Beruf an.[76] Danach scheint zu gelten: Die Erlösungsreligion hat längst ihr Deutungsmonopol verloren. Es läßt sich auch prinzipiell nicht restituieren, weil es mit dem Intellektualismus der Moderne nicht in Einklang zu bringen ist. Dies bedeutet nicht, daß die Erlösungsreligion für die ›Erledigung‹ der Sinnfrage nicht mehr in Frage käme. Doch verlangt sie vom einzelnen dafür ein Opfer: das Opfer des Intellekts. Die Ethik ist nach ihrer kognitivistischen Durchrationalisierung bei Kant formal geworden. Ein gut Teil der Sinngebungspotenz, die sie etwa noch in den vernunftnaturrechtlichen Konstruktionen entfaltet, ist inzwischen vom modernen Rechtssystem absorbiert. Dieses bleibt zwar an überpositive Rechtsgrundsätze gebunden, ist aber weitgehend kontingent geworden: Es besteht aus positivem gewillkürtem Recht. Die Kunst konstituiert sich zwar gerade in der Moderne zunehmend als ein »Kosmos immer bewußter erfaßter selbständiger Eigenwerte«.[77] Und sie übernimmt unter dem zunehmenden Druck des theoretischen und praktischen Rationalismus auch eine innerweltliche *Erlösungs*funktion. Doch ist Kunstgenuß nicht nur eine nichtrationale Form der Sinngebung, sondern auch eine höchst individuelle. Sie läßt zudem allenfalls eine kurzfristige Erlösung vom Alltag zu. Die Wissenschaft schließlich ist zwar auch in Webers Sicht zunehmend ins Zentrum des Deutungskomplexes gerückt und damit unter Sinngebungszwang geraten. Und sie kann sich dieser Verantwortung auch nicht gänzlich entziehen. Doch ist sie gerade als theoretisch-empirische Wissenschaft zu direkter Sinngebung nicht fähig. Nur wenn sie sich über das Wertfreiheitspostulat gegen direkte Sinngebungsansprüche abschirmt, kann sie erfolgreich sein und gewinnt für die kollektive Lösung des Sinnproblems einen regulativen Wert. Eine Wissenschaft, die Parteilichkeit gleich welcher Provenienz auf ihre Fahnen schreibt, mag zwar einen Gesinnungswert, sie wird aber keinen Erfolgswert produzieren. Sie hätte dann zwar eine Erlebnisqualität, aber sie fiele als Stütze des kritischen Intellektualismus, des kritischen Rationalismus, aus.

Der Deutungskomplex ist also in der modernen Gesellschaft durch eine *kollektive* Definitionsschwäche gekennzeichnet. Dies drückt Webers Formel von der Subjektivierung der Glaubensmächte aus. Der moderne Deutungskomplex hat zwar die Dauerreflexion institutionalisiert, doch in höchst individualistischer Fassung. Er besitzt deshalb ein hohes Konstruktionspotential, das aber um so schwerer kollektiv mobilisierbar ist. Diese kollektive, nicht individuelle Definitionsschwäche wird aber nun noch dadurch verstärkt, daß der Deutungskomplex in der modernen Gesellschaft von den anderen institutionellen Komplexen differenziert, ja isoliert ist: Die Wertverwirklichungsprozesse, die sich in erster Linie auf Spezifikationen richten, sind durch die übrigen Lebensordnungen ›monopolisiert‹. Man kann deshalb eine an Weber orientierte Gegenwartsdiagnose zum Verhältnis der vier wichtigsten Lebensordnungen wie folgt zusammenfassen: Der Deutungskomplex ist zwar konstruktiv, zeigt aber eine geringe kollektive Definitionsmacht, und er ist zudem spezifikationsschwach. Das verändert seine Stellung in der modernen im Vergleich zu den traditionalen Ordnungskonfigurationen: In der modernen Gesellschaft kommt ihm im Konzert der Institutionen kein Primat mehr zu. Dieser ist auf die spezifikationsstarken und zugleich rationalisierungsfähigen Institutionen übergegangen, vornehmlich auf den rechtlich-politischen und in den technologisch-ökonomischen Komplex. Der Studentenprotest der 60er Jahre muß insoweit als eine periphere Erscheinung eingestuft werden. Nicht zufällig blieb er für den gesamtgesellschaftlichen Handlungszusammenhang dieser Gesellschaften relativ folgenlos.

Vor über 50 Jahren ist Talcott Parsons hier in Heidelberg dem Werk Max Webers begegnet, dem Werk eines Autors, der ihm zuvor unbekannt war. Dieses Werk hat ihn seitdem nicht mehr losgelassen. Mehr noch als die Werke der anderen Gründer gehört es zu den Konstitutions- und Entwicklungsbedingungen seiner eigenen Theorie. Er hat sich dieses Werk immer wieder angeeignet und es dabei verwandelt, zuletzt noch in seinen evolutionstheoretischen Studien, die nicht nur im Geist Max Webers geschrieben sind,[78] sondern in denen es ihm auch, wie jenem, um die Analyse der Sondererscheinung und der Sonderentwicklung des okzidentalen und, innerhalb dieses, des modernen okzidentalen Rationalismus geht. Mit diesen Studien hat Talcott Parsons freilich Weber nicht einfach auf den Stand der modernen Tatsachenforschung bringen wollen: Ihm ging es dabei auch immer um die Verarbeitung neuer sozialer Ereignisse und wissenschaftlicher Entwicklungen, nach deren Kenntnis man nicht ungebrochen zu einem der Gründer, sei es Marx, Durkheim oder Weber, zurückkehren kann.[79] Doch auch noch diese Transformationsstrategie kann sich auf einen Weberschen Gedanken stützen. Er ist am Ende des Objektivitätsaufsatzes formuliert. Dort verweist Weber auf jene letzten Wertideen, in denen wir, meist unbewußt und unkontrolliert, unsere kulturwissenschaftliche Erkenntnis verankern, Wertideen, die fraglich werden können, wenn das Licht der großen Kulturprobleme weitergezogen ist.[80] Wenn solche Umbruchsituationen eintreten, muß die Wissenschaft ihren Standort und mit ihm ihren Begriffsapparat verändern. Beides hat Talcott Parsons seit seiner Promotion in Heidelberg mit großer Konsequenz getan. Er hat damit der sozialwissenschaftlichen Erkenntnis Möglichkeiten und Gebiete erschlossen, die den Gründern noch nicht offen standen. In diesem Sinne kann in meinen Augen keine sozialwissenschaftliche Arbeit, die sich mit den großen Kulturproblemen beschäftigt, an seinem Werk vorbei. Allerdings: Nicht alle Gesichtspunkte, die die Arbeit der Gründer lenkten, sind durch die soziale und wissenschaftliche Entwicklung der letzten 50 Jahre verwertet. Und nicht alle, die heute noch bestehen können, hat das Parsonssche Werk trotz seiner ungeheuren synthetischen Kraft zu integrieren vermocht. Deshalb lohnt es sich, die Gründer nicht nur im Lichte des Parsonsschen Werkes, sondern auch dieses in dem der Gründer zu lesen. So werden Divergenzen sichtbar, von denen ich glaube, daß man sie auch betonen muß. Dies freilich nicht um der soziologischen Theorien willen, sondern, in Übereinstimmung mit Talcott Parsons, aus Interesse an *der* soziologischen Theorie.

*Anmerkungen*

1 Vgl. Talcott Parsons, The Structure of Social Action. A Study in Social Theory with Special Reference to a Group of Recent European Writers, Second Edition, New York: The Free Press 1949 (zuerst 1937). Ferner die beiden autobiographischen Texte, »The Point of View of the Author«, in: Max Black (ed.), The Social Theories of Talcott Parsons, Englewood Cliffs, N. J.: Prentice Hall 1961, S. 311 ff. und »On Building Social System Theory: A Personal History«, in: Talcott Parsons, Social Systems and the Evolution of Action Theory, New York: The Free Press 1977, S. 22 ff. Im ersten Aufsatz heißt es auf S. 316, die Studie The Structure of Social Action sei »the basic reference point of all my subsequent theoretical work« geblieben.

2 Parsons hat die ›founding fathers‹ immer wieder gelesen und sich zu dem Ergebnis im Lichte seiner früheren Interpretationen geäußert. Dies gilt insbesondere für Durkheim, aber auch für Weber, Pareto und andere. Am stärksten hat sich vermutlich seine Einschätzung von Durkheim mit seinen eigenen Entwicklungen geändert. Vgl. dazu, auf dem Hintergrund der Durkheim-Interpretation in The Structure of Social Action, seine Studien »Durkheim's Contribution to the Theory of Integration of Social Systems«, in: Talcott Parsons, Sociological Theory and Modern Society, New York: The Free Press 1967, S. 3 ff. und vor allem »Durkheim on Religion Revisited: Another Look at the Elementary Forms of the Religious Life«, in: Charles Y. Glock and Phillip E. Hammond (eds.), Beyond the Classics? Essays in the Scientific Study of Religion, New York: Harper and Row 1973, S. 156 ff.

3 Dazu schon Parsons, The Structure of Social Action, S. V.
4 Vgl. zu dieser ersten Version der Konvergenzthese The Structure of Social Action, S. 722 ff.
5 Dazu Parsons, Sociological Theory and Modern Society, S. 27 und ders., Sozialstruktur und Persönlichkeit, Frankfurt 1968, S. 6 (englische Ausgabe zuerst 1964).
6 Vgl. vor allem Talcott Parsons, Working Papers in the Theory of Action. In collaboration with Robert F. Bales and Edward A. Shils, New York: The Free Press 1967 (zuerst 1953), bes. Kap. 2 und 4.
7 Parsons' Interesse an Evolutionsproblemen, insbesondere an der Kontinuität von organischer und soziokultureller Evolution, entwickelte sich in den 60er Jahren. Es steht im Zentrum der Phase, die er selbst als ›post-strukturell-funktional‹ charakterisiert. (Parsons hat sich gerade in den letzten Jahren immer wieder gegen die Etikettierung seiner Theorie als strukturell-funktionaler gewandt.) Die ersten Ergebnisse dieser Interessen entstammen einer Zusammenarbeit mit Robert Bellah und S. N. Eisenstadt in Harvard vom Frühjahr 1963. Zugleich wurde dadurch eine erneute Rückbesinnung auf Weber stimuliert. Vgl. Talcott Parsons, Social Systems and the Evolution of Action Theory, S. 6 f., S. 50 ff., S. 273 ff. Ein interessantes Dokument für die Richtung, in der sich Parsons' Denken in der Folge weiterbewegte, ist der Text »The Relation between Biological and Socio-Cultural Theory«, aus dem Jahre 1976, abgedruckt ebd., S. 118 ff.
8 Eine der interessantesten weiteren Konvergenzen ist die zwischen Parsons und Jean Piaget, die allerdings nicht von Parsons selber, sondern von Charles W. Lidz und Victor Meyer Lidz konstatiert worden ist. Vgl. ihren Aufsatz »Piaget's Psychology of Intelligence and the Theory of Action«, in: Jan L. Loubser et al. (eds.), Explorations in General Theory in Social Science. Essays in Honor of Talcott Parsons. Volume One, New York: The Free Press 1976, S. 195 ff., bes. S. 210 ff. Die Feststellung dieser Konvergenz, die zugleich mit einem Vorschlag zur Revision des Konzepts ›behavioral organism‹ verbunden ist, wurde von Parsons 1975 ›offiziell‹ anerkannt. Vgl. Social Systems and the Evolution of Action Theory, S. 106, Fn. 17. Tatsächlich ist das Konvergenzthema eines der Hauptthemen von Parsons' Werk geblieben. Deswegen wurde er immer wieder attackiert. Zu den interessantesten Attacken gehört der Beitrag von Whitney Pope, Jere Cohen, Lawrence E. Hazelrigg, »On the Divergence of Weber and Durkheim: A Critique of Parsons' Convergence Thesis«, in: American Sociological Review, 40 (1975), S. 417 ff. Diese Kritik wurde eingeleitet durch eine Kritik an Parsons' Durkheim-Interpretation und fortgesetzt mit einer Kritik an seiner Weber-Interpretation. Vgl. Whitney Pope, »Classic on Classic: Parsons' Interpretation of Durkheim«, in: American Sociological Review, 38 (1973), S. 399 ff. und

Jere Cohen, Lawrence E. Hazelrigg, Whitney Pope, »De-Parsonizing Weber: A Critique of Parsons' Interpretation of Webers' Sociology«, in: American Sociological Review, 40 (1975), S. 229 ff. Parsons hat zu diesen Angriffen Kommentare verfaßt, die für das Verständnis seiner ›späten‹ Durkheim- und Weber-Interpretationen aufschlußreich sind. Vgl. dazu American Sociological Review, 40 (1975), S. 106 ff. und S. 666 ff.

9 Dazu Parsons, Sociological Theory and Modern Society, S. 33 und ders., Social Systems and the Evolution of Action Theory, S. 2. Dort heißt es über die Kontinuität der eigenen theoretischen Entwicklung, daß sie im wesentlichen durch den andauernden Rückgriff auf diese drei Autoren garantiert worden sei: »This continuity has centered above all on the ›mining‹ of the theoretical richness of the works of Emile Durkheim and Max Weber, attempting not only to understand them but to use them constructively for further theoretical development. As I have noted..., the completion of that study (gemeint ist The Structure) was followed almost immediately by intensive study of the writings of Sigmund Freud. Those have stayed with me as fundamental anchor points ever since.«

10 Dieses Forschungsprogramm ist genauer expliziert in Wolfgang Schluchter, Die Entwicklung des okzidentalen Rationalismus. Eine Analyse von Max Webers Gesellschaftsgeschichte, Tübingen 1979. Einige Vorarbeiten dazu finden sich in Guenther Roth und Wolfgang Schluchter, Max Weber's Vision of History. Ethics and Methods, Berkeley: University of California Press 1979 und Wolfgang Schluchter, Rationalismus der Weltbeherrschung. Studien zu Max Weber, Frankfurt 1980.

11 Vgl. Parsons, The Structure of Social Action, S. 683, S. 685 f.

12 Emile Durkheim, Les formes élémentaires de la vie religieuse. Le système totémique en Australie, Paris 1912, S. 327 f.

13 Max Weber, Gesammelte Aufsätze zur Religionssoziologie, I, Tübingen 1920, S. 252, S. 240.

14 Dazu Kenneth Burke, The Rhetoric of Religion. Studies in Logology, Berkeley and Los Angeles: University of California Press 1970 (zuerst 1961), S. 40 f., ein Buch, das auch für Parsons' Kulturtheorie wichtig ist.

15 Dies ist eine Formulierung von Talcott Parsons, mit der er von Beginn an seinen Vorbehalt gegen eine positivistische Fassung des Handlungsschemas angemeldet hat. Dabei ist der Begriff »nichtempirisch« lange bei ihm residual bestimmt geblieben. Die jüngsten Arbeiten dienen der Ausarbeitung dieses Aspekts der Theorie. Vgl. Talcott Parsons, Action and the Human Condition, New York: The Free Press 1978.

16 Vgl. dazu Emile Durkheim, Soziologie und Philosophie, Frankfurt

1967, S. 137 ff. Auch Webers Theorie der Wertbeziehung aus seiner Methodologie läßt sich hier anführen, die in meinen Augen einen Spezialfall markiert.

17 Diese Unterschiede sehe ich darin, daß Durkheim kollektive, Weber individuelle Entstehungsbedingungen anführt, und daß Durkheim die Wertdifferenz, Weber aber den Wertkonflikt in den Mittelpunkt der Werttheorie stellt. Was beide freilich verbindet, ist ein modifizierter Kantianismus. Schon daran wird sichtbar, wie wichtig es ist, daß man bei einem Vergleich beider Positionen Divergenzen und Konvergenzen gleichermaßen berücksichtigt.

18 Damit soll der Doppelcharakter von Symbolsystemen unterstrichen werden. Sie sind, um eine Formulierung von Clifford Geertz zu verwenden, nicht nur Modelle der Realität, sondern zugleich auch Modelle für die Realität. Vgl. Clifford Geertz, The Interpretation of Cultures. Selected Essays, New York: Basic Books 1973, S. 91 ff. Sowohl Weber wie Durkheim berücksichtigen beide Funktionen. Deshalb gilt ihnen etwa Religion weder als Epiphänomen noch als Täuschung. Darauf hat besonders Robert Bellah in seinen Arbeiten hingewiesen. Vgl. Robert Bellah, Beyond Belief, Essays on Religion in a Post-Traditional World, New York: Harper and Row 1970, S. 7 ff. Von ihm stammt zugleich die These vom symbolischen Realismus, die eine Explikation von Durkheims Annahme darstellt, daß auch religiöse Symbole eine Realität sui generis sind. Vgl. dazu ebd., S. 252 f. sowie Bellahs Einleitung zu Emile Durkheim, On Morality and Society. Selected Writings, Chicago and London: The University of Chicago Press 1973, S. L ff., wo er das Verhältnis beider Funktionen am Beispiel des religiösen und des wissenschaftlichen Symbolismus diskutiert.

19 Dazu Kenneth Burke, The Rhetoric of Religion, S. 273 ff.

20 Vgl. Durkheim, Les formes élémentaires, S. 326, wo es heißt: »Il y a ainsi une région de la nature où la formule de l'idéalisme s'applique presque à la lettre: c'est la reigne sociale. L'idée y fait, beaucoup plus qu'ailleurs, la réalité.« Durkheim qualifiziert diese Äußerung freilich so, daß dieser ›Idealismus‹ seinem ›Naturalismus‹ einverleibt werden kann.

21 Dazu Parsons, The Structure of Social Action, S. 409 ff., bes. S. 418 ff., S. 427 ff., S. 445 ff. Er interpretiert dieses Schwanken als Folge eines positivistisch-idealistischen Dilemmas, das nur in einer voluntaristischen Handlungstheorie überwunden werden kann. Diese Sichtweise von Durkheims Religionssoziologie wurde von ihm allerdings dadurch revidiert, daß er Durkheims Studie heute einordnet als »not primarily a study in the *sociology* of religion, but rather of the place of religion in human action generally«. Damit wird sie nicht mehr im Bezugsrahmen des Sozialsystems, sondern des allgemeinen Hand-

lungssystems interpretiert. Diese revidierte Sichtweise ist Parsons nicht zuletzt durch die Arbeiten von Bellah nahegelegt worden. Vgl. Parsons, »Durkheim on Religion Revisited«, S. 157.

22 Dazu Talcott Parsons and Edward Shils (eds.), Toward a General Theory of Action, New York: Harper and Row 1962 (zuerst 1951), S. 23 ff. Parsons stellt fest, die in diesem Buch exponierte Handlungstheorie repräsentiere eine Revision und eine Ausweitung seiner Theorie aus The Structure of Social Action, »particularly in the light of psychoanalytic theory, of developments in behavior psychology, and of developments in the anthropological analysis of culture«. Vgl. ebd., S. 53, Fn. 1. An anderer Stelle schätzt er den Zusammenhang dieser und der folgenden theoretischen Texte wie folgt ein: »I should contend strenuously that the level of the *Structure of Social Action* represented genuine systematization, at a certain rather elementary level, to be sure, but well in advance of previous attempts. The steps taken since then have by and large been real advances from that point, advances by extension, but also clarity of definition, analytical refinement, and better theoretical integration.« Vgl. Parsons, »The Point of View of the Author«, S. 321.

23 Dazu Robert Dubin, »Parsons' Actor: Continuities in Social Theory«, abgedruckt in Talcott Parsons, Sociological Theory and Modern Society, S. 521 ff.

24 Dies ist der terminologische Vorschlag, der mit der Kritik von Charles und Victor Lidz verbunden ist. Vgl. oben Fn. 8.

25 Dubin, a. a. O., S. 531.

26 Vgl. Parsons, »Pattern Variables Revisited: A Response to Robert Dubin«, in: ders., Sociological Theory and Modern Society, S. 192 ff.

27 Vgl. Talcott Parsons, »An Approach to Psychological Theory in Terms of the Theory of Action«, in: Sigmund Koch (ed.), Psychology: A Study of a Science, Vol. III, New York: McGraw Hill 1959, S. 612 ff., S. 625: »With respect to the nature of systems my essential ›prejudice‹ has been against the common ›elementarist‹ position.«

28 Hier nimmt Parsons bekanntlich Argumente aus der biologischen Theorie der lebenden Organismen auf. Die Gewährsleute sind vor allem Walter B. Cannon und Claude Bernard, aber auch Lawrence Hendersen. Vgl. zu diesen Zusammenhängen, die gleichfalls in Parsons' Sicht eine Konvergenz darstellen, u. a. Talcott Parsons, »Some Problems of General Theory in Sociology«, in: John C. McKinney and Edward A. Tyriakian (eds.), Theoretical Sociology. Perspectives and Developments, Englewood Cliffs, N. J.: Prentice Hall 1970, S. 26 ff.

29 Parsons arbeitet an einem Buch mit dem bezeichnenden Titel The Action of Social Structure. Er signalisiert im Vergleich zu seinem Ausgangspunkt gleichsam die Umkehr der Antriebsrichtung. Vgl. zu

diesem Titel Parsons, Social System and the Evolution of Action Theory, S. 149.

30 Talcott Parsons, »Culture and the Social System«, Introduction to Part IV, in: Talcott Parsons, Edward Shils, Kaspar Naegele, and Jesse Pitts (eds.), Theories of Society, Glencoe, Ill.: The Free Press 1961, S. 964. Dort sagt er sich explizit von der früher gehegten Vorstellung los, die Kultur bestehe im Sinne von Whitehead aus ›eternal objects‹. Diese Auffassung »no longer seems adequate in the light of further developments«.

31 Talcott Parsons and Gerald M. Platt, The American University, Cambridge, Mass.: Harvard University Press 1973, S. 18.

32 Vgl. ebd.

33 Zum folgenden vgl. die Diskussion zwischen Niklas Luhmann und Stefan Jensen um den Begriff der Interpenetration: Niklas Luhmann, »Interpenetration – Zum Verhältnis personaler und sozialer Systeme«, in: Zeitschrift für Soziologie, 6 (1977), S. 62 ff., Stefan Jensen, »Interpenetration – Zum Verhältnis personaler und sozialer Systeme?«, in: Zeitschrift für Soziologie, 7 (1978), S. 116 ff. und Niklas Luhmann, »Interpenetration bei Parsons«, in: Zeitschrift für Soziologie, 7 (1978), S. 299 ff.

34 Parsons hat die Gegenüberstellung von Bedingungen und Normen, die für seine voluntaristische Handlungstheorie fundamental ist, in diese beiden Hierarchien übersetzt. Zugleich versteht er diese Übersetzung als eine Synthese von mechanischen und organischen Modellen. Diese Synthese nennt er das »symbolic-interaction or *cybernetic* model«. Diese Gleichsetzung ist symptomatisch. Vgl. dazu Charles Ackerman und Talcott Parsons, »The Concept of ›Social System‹ as a Theoretical Device«, in: Gordon J. DiRenzo (ed.), Concepts, Theory, and Explanation in the Behavioral Sciences, New York: Random House 1966, S. 24 f. Zugleich wird damit der Gegensatz von Materialismus und Idealismus in den von energetischem und informationellem Reduktionismus transformiert.

35 Vgl. dazu Talcott Parsons, »An Approach to Psychological Theory in Terms of the Theory of Action«, S. 625 f. Ferner Talcott Parsons, Societies. Evolutionary and Comparative Perspectives, Englewood Cliffs, N. J.: Prentice Hall 1966, S. 113, wo es heißt: »... let me repeat, *any* processual outcome results from the operation of plural factors, all of which are mutually independent (sic!) if there is scientific reason to distinguish among them. Here, the factors of production in economic analysis are logical prototypes. In *this* sense, *no* claim that social change is ›determined‹ by economic interests, ideas, personalities of particular individuals, geographical conditions, and so on, is acceptable. *All* such single-factor theories belong to the kindergarten stage of social science's development. *Any* factor is always interdepen-

dent with several others.«
36 Ebd.: »In the sense, and *only* that sense, of emphasizing the importance of the cybernetically highest elements in patterning action systems, I am a cultural determinist, rather than a social determinist.«
37 Ebd.
38 Interessant ist folgende Formulierung im Zusammenhang mit Parsons' Weber-Interpretation, die sich auf das Zitat über das Verhältnis von Interessen und Ideen bezieht. In dem Kommentar zum Angriff von Cohen et al. auf seine Weber-Interpretation heißt es in der American Sociological Review, 40 (1975), S. 668: »It might help clarify this much vexed problem area if I introduce the phrasing used by W. I. Thomas (1931). I think it would be a correct interpretation of Weber's position that ideas serve, to quote Thomas, ›to define the situation‹. For action defining the situation in this sense, however, does not by itself motivate actors to attempt to implement implications of this definition of the situation. Additional components of the complex of action must be taken into account in order to solve the motivational-implementation problem.«
39 Vgl. Karl Popper, Objektive Erkenntnis. Ein evolutionärer Entwurf, Hamburg 1973, 172 ff.
40 Ebd., S. 179.
41 Vgl. u. a. Talcott Parsons, »An Approach to Psychological Theory in Terms of the Theory of Action,«, S. 623.
42 Dazu Talcott Parsons, »Culture and the Social System«, S. 973 ff.
43 Parsons unterscheidet bekanntlich zwischen den sozialstrukturellen Elementen: Werte, Normen, Kollektivitäten und Rollen. Ich sehe darin eine Vermischung von Steuerungs- und Organisationsniveaus. Ähnlich scheint Loubser zu denken. Vgl. Jan J. Loubser, »General Introduction«, in: Jan J. Loubser et al. (eds.), Explorations in General Theory in Social Science, Vol. I, S. 9.
44 Über den Zusammenhang von Theorie, Methodologie und Erkenntnistheorie vgl. Talcott Parsons, The Structure of Social Action, S. 20 ff., ferner S. 683 f., wo es heißt: »... it is this basic solidarity of science and action which is the ultimate justification of the starting point of this whole study, the role in action of the norm of rationality in the sense of a scientifically verifiable means-end relationship. If, then, there is to be science at all there must be action. And if there is to be science of action it *must* involve the norm of intrinsic rationality in this sense.«
45 Zur Vorstellung des analytischen Realismus ebd., S. 728 ff. Danach sind Begriffe weder Abbildungen der Wirklichkeit noch ist die Wirklichkeit eine Emanation aus Begriffen. Begriffe sind vielmehr gegenüber den empirischen Objekten abstrakt und selektiv. Doch sie sind deshalb keine Fiktionen, sondern bleiben auf ›Wirkli-

ches‹ bezogen. Die handlungstheoretischen Grundbegriffe etwa sind »abstracted from the mass of known and knowable ›data‹ about human action and behavior«. Vgl. Talcott Parsons, The American University, S. 15. Diese erkannten und erkennbaren Daten liegen alle vor in ›Theorien‹, seien diese eher in Beobachtungssprachen oder in analytischen Sprachen abgefaßt. Deshalb kann die Entwicklung eines analytischen Bezugsrahmens des Handelns auch mit Rückgriff auf diese Theorien erfolgen und die problemgeschichtliche Analyse ein Mittel sein, das Theoriegewinne verspricht. Zentrales Prüfkriterium ist dafür offensichtlich die Konvergenz, wobei freilich unklar bleibt, ob Konvergenz eine Folge des angewandten Bezugsrahmens ist oder als davon unabhängiges Kriterium gelten kann. Über Voraussetzungen und Konsequenzen des analytischen Realismus vgl. unter anderem das ausgezeichnete Buch von Enno Schwanenberg, Soziales Handeln – Die Theorie und ihr Problem, Bern 1970, bes. Kap. I.

46 Vgl. Max Weber, Gesammelte Aufsätze zur Wissenschaftslehre, 3. Auflage, Tübingen 1968, S. 149.

47 Parsons hat diese problemgeschichtliche Konstellation nicht so bezeichnet. Er spricht nur vom utilitaristischen Dilemma.

48 Parsons, The Structure of Social Action, S. 638.

49 Vgl. Max Weber, Wirtschaft und Gesellschaft, 5. Auflage, Tübingen 1972, Kap. 1.

50 Dazu Emile Durkheim, Soziologie und Philosophie, S. 45 ff. und ders., »Der Dualismus der menschlichen Natur und seine sozialen Bedingungen«, in: Friedrich Jonas, Geschichte der Soziologie, 2, Hamburg 1976, S. 368 ff.

51 Zu diesen Unterscheidungen vgl. Talcott Parsons, The Structure of Social Action, S. 635 ff. Sie entstammen einer Kritik an Webers Unterscheidung in aktuelles Verstehen und Motivationsverstehen. Parsons setzt dagegen das Verstehen der Werteelemente als Bestandteile des Handlungsschemas (Zweck-Mittel-Schemas) und das Verstehen von Wertkomplexen um ihrer selbst willen, ohne Bezug auf konkrete Handlungen. Dadurch antizipiert er in gewissem Sinne das, was Kenneth Burke später Logologie genannt hat. Nicht zufällig hält sich der frühe Parsons an die Freyersche Dreiteilung der Wissenschaften: Naturwissenschaften, Wirklichkeitswissenschaften und Logoswissenschaften. Vgl. dazu Hans Freyer, Soziologie als Wirklichkeitswissenschaft. Logische Grundlegung des Systems der Soziologie, 2. Auflage, Darmstadt 1964 (zuerst 1930).

52 Vgl. dazu Talcott Parsons et al., Toward a General Theory of Action, S. 56 ff. sowie Figures 1 ff. im Anhang zu Teil II; ders., Social Theory and Modern Society, S. 192 ff.; ders., »The Point of View of the Author«, S. 323 ff.

53 Ich denke hier vor allem an Kants Einteilung des gesamten Vermögens

des Gemüts, die ja auch für Durkheim und für Weber von Bedeutung ist.
54 Vgl. dazu, außer der bereits zitierten Stelle aus der Religionssoziologie, auch Emile Durkheim, Soziologie und Philosophie, S. 144 f., S. 154. Wichtig ist, daß Durkheim hier eine Art Umkehr der »natürlichen Seinshierarchie« im Auge hat: Durch die Beziehung von Objekten auf Ideale und von Idealen auf Objekte werden die sinnlichen Realitäten verwandelt, wird »der uns von den Sinnen offenbarten Welt eine vollkommen andere Welt« übergestülpt.
55 Dazu Talcott Parsons, The Structure of Social Action, S. 640 ff., bes. S. 643 ff., ein nach wie vor lesenswerter Versuch einer Systematisierung der Weberschen Handlungstypologie.
56 Dies ist detaillierter begründet in Wolfgang Schluchter, Die Entwicklung des okzidentalen Rationalismus, Kap. 5.
57 Vgl. Max Weber, Gesammelte Aufsätze zur Religionssoziologie, I, S. 542, S. 566.
58 Dabei gehe ich davon aus, daß die Kombination Universalismus und Neutralität den Kern rationaler Handlungsorientierung beschreibt.
59 In der Studie über die Entwicklung des okzidentalen Rationalismus habe ich diese beiden Seiten der affektuellen Handlungsorientierung noch nicht auseinandergehalten. Insofern stellt diese mit Parsons gewonnene Unterscheidung eine wichtige Revision des dort vorgetragenen handlungstheoretischen Schemas dar.
60 Auf Webers Begriff eines Charisma der Vernunft hat besonders Guenther Roth in seinen Arbeiten hingewiesen. Vgl. Guenther Roth und Wolfgang Schluchter, Max Weber's Vision of History, bes. S. 132 ff. Die Unterscheidungen legen eine Entwicklungsgeschichte des Charisma nahe.
61 Vgl. Max Weber, Gesammelte Aufsätze zur Religionssoziologie, I, S. 563.
62 Parsons hat bekanntlich Durkheims Kritik an Spencer in der Studie über die Arbeitsteilung so interpretiert, daß Durkheim die nichtkontraktuellen Elemente von Kontrakten betone. Ich verwende diese Formulierung hier im übertragenen Sinn.
63 Vgl. Max Weber, Gesammelte Aufsätze zur Religionssoziologie, I, S. 564.
64 Zum Begriff des ideellen Unterbaus ebd., S. 257.
65 Durkheims These vom Kult des Individuums läßt sich als eine soziohistorische Uminterpretation des Kantschen Autonomiebegriffs verstehen. Vgl. dazu besonders Emile Durkheim, Erziehung, Moral und Gesellschaft, Neuwied und Darmstadt 1973 (zuerst 1934), S. 155 ff. Zu Parsons' Begriff des institutionalisierten Individualismus vgl. u. a. The American University, S. 40 ff. Wichtig in diesem Zusammenhang ist auch der Aufsatz von Robert Bellah über »civil religion«. Vgl.

Robert Bellah, Beyond Belief, S. 168 ff.
66 Vgl. Jürgen Habermas, Handlungsrationalität und gesellschaftliche Rationalisierung, MS, Starnberg 1978.
67 Vgl. dazu Talcott Parsons, Societies, S. 28 f., ders., The System of Modern Societies, Englewood Cliffs, N. J.: Prentice Hall 1971, S. 10 ff., ders., The American University, S. 13 ff.
68 Zur Begründung vgl. Wolfgang Schluchter, Die Entwicklung des okzidentalen Rationalismus, Kap. 4a.
69 Vgl. Niklas Luhmann, »Interpenetration – Zum Verhältnis personaler und sozialer Systeme«, S. 64.
70 Vgl. Karl Marx, Werke – Schriften – Briefe, hrsg. von Hans-Joachim Lieber, Darmstadt 1962 ff., Band VI, S. 839.
71 Vgl. a. a. O., Band II, S. 23.
72 Vgl. Seymour M. Lipset und Stein Rokkan (eds.), Party System and Voter Alignments. Cross-National Perspectives, New York: The Free Press 1967, bes. S. 37 ff.
73 Vgl. dazu Wolfgang Schluchter, Die Entwicklung des okzidentalen Rationalismus, Kap. 4 b, bb. Ein interessantes Differenzierungsmodell, das mit den Grundbegriffen von Parsons und Bellah arbeitet, findet sich bei Rainer C. Baum, »The System of Solidarities«, in: Indian Journal of Social Research, XVI (1975), S. 306 ff., bes. S. 312 ff.
74 Zu den folgenden Ausführungen vgl. Talcott Parsons, The System of Modern Societies, S. 50 ff., Talcott Parsons und Gerald M. Platt, The American University, Kap. 1, Talcott Parsons, Social System and the Evolution of Action Theory, S. 50 ff.
75 Vgl. The American University, S. 6.
76 Vgl. Max Weber, Gesammelte Aufsätze zur Religionssoziologie, I, S. 536 ff., ders., Gesammelte Aufsätze zur Wissenschaftslehre, 3. Auflage, Tübingen 1968 (zuerst 1922), S. 582 ff., ders., Gesammelte Politische Schriften, 2. Auflage, Tübingen 1958 (zuerst 1920), S. 493 ff. Ferner dazu Guenther Roth und Wolfgang Schluchter, Max Weber's Vision of History, Kap. I und II.
77 Max Weber, Gesammelte Aufsätze zur Religionssoziologie, I, S. 555.
78 Vgl. Talcott Parsons, Societies, S. 2.
79 Vgl. Talcott Parsons, The System of Modern Societies, S. 139.
80 Vgl. Max Weber, Gesammelte Aufsätze zur Wissenschaftslehre, S. 214.

# Talcott Parsons
# On the Relation of the
# Theory of Action to Max Weber's
# ›Verstehende Soziologie‹

*Vortrag, gehalten aus Anlaß der Übergabe der erneuerten Doktorurkunde durch die Wirtschafts- und Sozialwissenschaftliche Fakultät der Universität Heidelberg am 4. 5. 1979 in der Aula der Universität[1]*


Professor Graumann, your excellency Rektor Professor Niederländer, ladies and gentlemen!

I am indeed appreciative of the great honor which has just been bestowed on me by the newly formed Faculty of Economics and Social Sciences at the University of Heidelberg. I, of course, have had a deep attachment to Heidelberg ever since I came here as a student in 1925, which has remained intact through all the difficult vicissitudes of the relations between our nations and turbulent events everywhere in the world. Heidelberg was the location and cultural setting in which I found my personal bearings as a student of society and a person devoted to the development of theoretical tools for the analysis of human action. The dominant figure in helping me to orient myself, Max Weber, I never knew personally, unfortunately. He had died five years before I came to Heidelberg. However, his influence was very much alive indeed in the Heidelberg of my student days, and, as I gather from the last two days, it is today, and way beyond Heidelberg, of course.

There are certain elements of contingency, as Prof. Luhman has emphasized, in most of human developments and human action, and I think of one strangely ironic set of contingencies that touches the subject. It happens that today I am very nearly exactly twenty years older than Max Weber was when he died at the tragically early age of 56. Now, not only is that an irony, but Weber died of pneumonia in 1920. Had it been twenty years later or so, he need not have died. Very few die of pneumonia these days, because serum treatment and then antibiotic treatment have conquered that one dread disease. Who knows what would have been the consequence had Weber lived for 20 more productive years. He was incredibly productive during his all too short lifetime. This can be a kind of background for the things I want to say.

To begin with, I would like to stress the theme of continuity in what Prof. Schluchter yesterday referred to as the sociological tradition, but combined with developmental changes which that tradition has been undergoing over time and with the absorption of new movements of thought. In the course of those developmental changes I want to stress a very definite accountability at least of my own thinking fifty years later to Max Weber and the aspect of the sociological tradition which he incorporated and to which he made such monumental contributions personally. But I would like to stress also that the history of sociology did not end with Max Weber or any other single figure.

The particular version of these developments, which I would like to emphasize today, we have been calling the theory of action, and action is a good translation of the German word »Handeln«, particularly as distinguished from »Verhalten«. Prof. Graumann gave a paper on exactly the topic of the relation of those concepts to each other. I think there are three main foci of what I would think of as the theory of action. The first is on symbolization and symbolic processes, which I myself take to be the most important line of distinction vis-à-vis »Verhalten« or behavior, as we usually translate that in English. The second is on the subject-object relationship, which of course originated in epistemology in the modern world, especially in the version associated with the name of Descartes, but vastly broadened on both sides so that there is not just a pinpointed entity, a knowing subject anymore, nor is there a simple category of external objects. The third is on the concept of system. Coming back to Weber, he was strongest in relation to the first two of those primary themes. I think he was somewhat less strong with reference to the third. Of course, all three themes are still in certain respects highly controversial, but not quite in the ways in which they were fifty years ago.

Let me turn now to what seem to me to be the most important features of Weber's contributions to the theory of action. I would like to speak of three different levels on which I think they fall.

The first is the methodological level, using that word in the German rather than in the American sense where it has been, I think, unfortunately turned in the direction of research techniques. In the German sense, however, it is rather close to the philosophy of science, and in this version it became, in Weber's great second period after his recovery from his psychiatric breakdown, one of his main themes. The essay on *Roscher and Knies* and the *Critique of Stammler* have both very recently appeared in English translation, which I think is a fortunate circumstance because it will promote a better understanding of Weber's contributions in this area. In my view his most important contribution was the transcendence of the dilemma between »Naturwissenschaft« und »Kulturwissenschaft«, the latter sometimes with somewhat different nuances also called »Geisteswissenschaft«, which was Dilthey's preferred term. It seems to me that Weber, so far as I am concerned, demonstrated that this distinction in the way in which it had grown up in German intellectual tradition constituted a false dilemma, and particularly a false dilemma with the imputation that only the natural sciences are dealing with generalized conceptualization, whereas the cultural sciences are concerned with particularity, with a particular »Kultureinheit«. A very important corollary of breaking down this dichotomy seems to me to have been the insistence on Weber's part that *all* scientific theory must be abstract and selective in relation to the facts. This transcended the preoccupation which was so prominent in the German thought of Weber's time, namely with »Historismus«, which permeated very widely. I later became much more conscious than before that even Marxism subscribes basically to this point of view; most conspicuously in that Marx treated economic theory, a great deal of which he borrowed from the classical economists of the early 19th century, as the theory of capitalism covering a historic stage and phenomenon, not as a general theory of economic processes. Weber clearly was anti-Marxian in this respect, which has very little to do, for instance, with the theory of social class.

The second is the philosophical level. It seems to me that Weber transcended the dilemma of dichotomizing action-reality in terms of the two categories »Realfaktoren« and »Idealfaktoren«. He refused to accept an either – or in this respect, and that either – or had permeated not merely German but much more broadly based thought. It had something to do with the intellectual structure since the philosophical revolution of the 17th and 18th centuries. It culminated in the dichotomy of idealism and positivism, and positivism in action theory was an extension of the concept of real determinance, from the world of nature to the world of human action, whereas idealism emphasized a different order of concern. However, if you put both of these two dichotomies together, the »Naturwissenschaft – Kulturwissenschaft« and the »Realfaktoren – Idealfaktoren« dichotomy, you can derive a fourfold classification, which can serve as a framework of much broader generalization than if one remained within the framework of each of those two dichotomies.

The third is the sociological level. It has to do with the famous dichotomy between »Gemeinschaft« and »Gesellschaft«. And here again, though as I suggest Weber did not devote major direct, critical attention to this, I think one ran into the same kind of difficulty, the suggestion that a concrete social structure was either a case of »Gemeinschaft« or a case of »Gesellschaft«. Remember that Tönnies' famous book had been published in 1887, which was just on the eve of the generation's developments with which Weber was concerned. It seems to me that the Weberian point of view at least indicated a direction of transcending this dilemma as well. In all three cases the direction had to do with refusing to identify concrete phenomena with either side of any one of these three dilemmas. But saying this poses the question in which respects do they involve components which can be conceptualized in these terms. The »Gemeinschaft – Gesellschaft« case is a very good example. It is rather familiar to most sociologists. A market economy is treated as a prototypical case of »Gesellschaft«, whereas a kinship-household is a prototypical case of »Gemeinschaft«. In the discussion yesterday I was mentioning the concept of family economy. Families that live in a society which has a market economy are dependent on money resources, on money income and, for satisfying their household needs, on expenditure of money through market mechanisms. But this is not to say that the family household must be treated as either a »Gemeinschaft« phenomenon or an economic »Gesellschaft« phenomenon. Concretely it is both, but the former clearly has precedence in a wide range of decision-making situations. It is that kind of freeing from the »either – or« questions about concrete phenomena, that I think is the most, perhaps the most generalized contribution that Weber made.

Of the three pillars of the theory of action which I mentioned the one that has caused perhaps the most difficulty has been that of maintaining a balance between the subject aspect and the object aspect. The discussion has focussed, of course, on the subject as an acting individual, as a »Handelnder.« And Weber's famous formula implied that the acting individual must be treated in terms of the understanding, his famous category »Verstehen«, of the subjective intended meaning in the relation to the situation in which he has to act. In connection with this approach an exceedingly important problem, which I think was not as far elaborated by Weber as it has been in other quarters since, was interaction, which Weber took accountance of in his definition of »Soziales Handeln.« But as I said it has been developed further, I might mention particularly the so-called symbolic interactionist group, which grew out of the University of Chicago. This school has developed many of the complexities and intricacies of the phenomena of social interaction. This has been one of Prof. Habermas' primary fields of attention for a number of years.

When I was a student in Heidelberg, Karl Mannheim was *habilitiert* as *Privatdozent*. Not only did I attend his inaugural lecture, but I attended his first seminar, which was on Max Weber.[2] I still remember the violent disagreements among the members of that seminar over whether the inclusion by Weber of the two categories in his definition of sociology »deutend verstehen« und »kausal erklären« was legitimate. There was truly violent disagreement over that issue with a strong contingent saying this was a contradiction in terms, that it had to be either – or, that no association of one with the other was permissible. After a good deal of reflection on these matters I have come to the conclusion that Weber was right, that they are not basically incompatible, and that this is an essential feature of his transcending of all three of these dilemmas.

Let me turn now to the role of subjective categories. The question is whether the content of the categories which are understood by procedures of »Verstehen« is confined to the subjective state of the particular acting individual. I personally think that one of the most important insights of Weber – which was more than a particular insight, it was a very generalized position – is that this is not the case. Of course, in this respect, Weber only made a beginning, but more than a beginning was made, namely on the sociological side by Durkheim in France, and on the psychological side by Freud in Vienna. Weber apparently was not particularly sensitive to the work of either of those, but the position he took was compatible with that of Durkheim and Freud. The problem at stake here is internalization. That is, not only are there individualized motives peculiar to a particular actor, but there are internalized objects, norms, symbols, which are not peculiar to an individual actor, but which are part of the common culture. This notion opens up a very complex field of analysis. I think it is one of truly central attention in the more recent phases of theoretical development.

Let me close this sketch of Weber's main contributions in this context with just a bare reference to the fact that when he was working on these more methodological problems and producing an incredible volume of writing on these topics, as an author of a forthcoming book on this phase of Weber's work, Dr. Toby Huff, has made clear, this did not occupy his sole attention at the time. Quite the contrary, it was in the same period, that the famous essay *The Protestant Ethic and the Spirit of Capitalism* was written. In my opinion, this was meant as a substantive demonstration of the usefulness of this kind of methodological position. I do not think Roscher or Knies could have written this essay. No historian in the traditional German sense of the time could have written it either. Let me suggest what that essay did from one point of view. Of course, it stirred up a hornet's nest of controversy among historians and others, controversies which are still going on. There are those, not only historians but sociologists, such as my friend Daniel Bell, who maintains stoutly that the *Protestant Ethic* is dead. My comment on that thesis is, if so, it's an exceedingly lively corpse! For one thing, I have recently been in Japan where I think it is very much alive, but it is not Protestant – that is where the problem lies. However that may be, the main thing Weber did here, it seems to me, was to tackle a complex that had conventionally been called an »economic phenomenon« – »Kapitalismus« – in terms of an analysis primarily based on »Idealfaktoren«. To be sure, Weber was very far from being oblivious to the relevant »Realfaktoren« and his writings contain an immense amount of discussion of this aspect. But he insisted that something that was also classified as belonging in the category »Idealfaktoren« was relevant to understanding the concrete historical developments he was concerned with. I think it was this attempt to combine both sides in a very unconventional way that first caught my imagination. The essay on the Protestant ethic was incidentally the first of Webers's writings which I read and I found myself immediately fascinated. I ended up by translating it into English,[3] which is one way to learn the content of a work more thoroughly than if one just reads it.

Let me now go on to the kinds of developments to which I was exposed following my Heidelberg stay. Up to this point I have given only a schematic picture of some of Weber's contributions, which I could possibly have formulated in 1929 at the time I was awarded the doctorate on a dissertation of which the most important single figure was Weber.[4] But an enormous amount of clarification and codification has taken place since then. As regards the analytical position that Weber had taken in his methodological writings, I was strongly reinforced by certain influences to which I was exposed in the United States after my return there, in the rather early years after that, and which led up what I came to call analytical realism. The most important single philosophical influence was A. N. Whitehead. This was a period rather shortly after the beginning impact of relativity theory in physics and also of the impact of statistical mechanics. Philosophers of science were discussing these problems very strenuously at just that time, and Whitehead was a prominent elder statesman figure at Harvard. It was difficult not to pay close attention to what he was saying, particularly in the book *Science and the Modern World*, in which he put forward what to me became a very important concept indeed, the fallacy of misplaced concreteness, which he said the Newtonian theory was guilty of, and I quite agree. Another set of influences, however, took this view of the importance of analytical abstraction seriously and led it over in the direction of system analysis. The most important single influence on me was the physiologist L. H. Henderson, who got interested in sociology by way of Pareto. He became, to use English slang, a Pareto buff, and as it happened, I had a very close relation with Henderson and learned an immense amount about the philosophy of science from him. On a more strictly physiological level there was another very important figure of that time, W. B. Cannon, who wrote a more or less popular book, called *The Wisdom of the Body*. Some of you remember Cannon as having coined the term »homeostasis«, which was a concept of self-regulation of the organism. Henderson very definitely shared this perspective, and he also built on Claude Bernard's conception of the stability of the internal environment. This became an exceedingly important line of thinking for me, which had not been developed by Weber but was consistent with his position.

However, I found something much closer to it in the sociological literature, namely in Durkheim. At the time I was in Heidelberg, I had only the barest acquaintance with Durkheim's work. I do remember, though, that Karl Jaspers referred appreciatively to Durkheim in his lectures. He was the only Heidelberg professor whom I remember having mentioned Durkheim. I think that's an interesting footnote, but Durkheim linked up with the more substantive issues I had developed, starting with Weber's *Protestant Ethic* and the concept of capitalism. In his book the *Division of Labor* Durkheim related Capitalism to the problem of social solidarity in a unique way. The bridge between Weber and Durkheim in this respect was provided by the work of the English economist Alfred Marshall,[5] on whom I had done a study, and of Pareto, who was both a theoretical economist of high standing, but also the author of a very large treatise on sociology, the *Trattato di Sociologica Generale*. So it was possible from this reference point or set of reference points to gain an inclusion of Durkheim's work. That implied, interestingly, Durkheim's idea of internalization, which developed in his studies of moral education. I think this is the most important theoretical work he wrote between the *Division of Labor* and *Suicide*, on the one hand, and the *Elementary Forms of Religious Life* on the other.

Having included Durkheim, I a little later seriously took up the study of Freud. When I was a student here, I knew only very little about Freud. You remember that Weber was rather skeptical of Freud. I think it is important in this connection that Freud's most important theoretical writing was done after Weber's death. In the 1920's the series *The Pleasure Principle, The Ego and the Id*, to quote the English titles, and *The Problem of Anxiety* were all written. It is very difficult to arrive at an adequate appraisal of Freud's theoretical contributions without those writings, though I think, much of the ideas of Freud's system were already present in his earlier works, particularly the *Interpretation of Dreams*. As a result of some of these studies it became gradually clear to me that Weber's category of intended meanings had to be broken down into two sets of components analytically distinguishable, but concretely very much mixed up with each other. I might characterize these briefly as the motivational components which were rooted in organic process and organic health and which were particularly the main focus of Freud's conceptions of child development and individual motivation. In the earlier Freud the focus of it came to be the concept of libido, I think. The other set of components Weber increasingly brought to focus in his later work were the categories of religious ideas in their relation to the ethical commitments and patterns of life. Having discovered this I found myself with a very formidable task of persuasion in trying to convince readers that the *Protestant Ethic* was not a historical monograph meant to stand by itself, but it was really the opening chapter of a most ambitious program of comparative studies in the sociology of religion. As you know, Weber himself prepared volume I of the »Religionssoziologie« for the press and it was his deliberate decision to place the *Protestant Ethic* essay first in the whole series, which I think was a main basis of my own judgment. Moreover, secondary critics of Weber have persistently attempted to reduce it to a historical monograph about postmedieval Western religio-economic history and nothing else. This definitely was not Weber's frame of reference. I do not think to this audience I need to say any more. I should mention of course once more that the idea of internalization also emerged among the American social psychologists, as they have tended to be called; the sociological social psychologists of whom the most prominent name is surely Mead, but also W. I. Thomas, who worked with Mead at Chicago for a time, and somewhat aside Charles Horton Cooley. So there was really a convergence on that set of ideas.

Now, internally to the action scheme, there emerged the four-function paradigm, which was a development from the pattern variable scheme. Prof. Schluchter devoted some discussion to these matters in the colloquium and I wish there were time to go a little further, but I am afraid I should better resist the temptation. This theoretical development has seemed to me to stabilize a certain set of orientation relationships in the larger field of action.

It also provided a rationale for a continuing use of the three major figures who were approximately contemporary to each other as major points of reference, namely Freud, Durkheim, and Weber. I think they form a spectrum in this order.

From the point of view of sociology it seems to me Durkheim deserves the central position. He was above all the theorist of the integration of societies and other social systems. He focussed on the problem of integration and the kinds of disruptive pathologies which might break that integration down. Putting Durkheim in the center I would regard Freud and Weber as standing toward the two ends of the spectrum: Freud toward the individualization end where the concrete individual was more the focus and toward the end where action components, notably symbolism, articulates with the organic realm. I myself strenuously object to Freud being treated as a biological reductionist. I think he most definitely was not, and on certain recent revisits to his work that impression has been confirmed. But he was trained in medicine and was a very good biologist for the state of biology of his time. Biology has made immense advances since then, which Freud could not have commanded, of course, but for his time he was well trained. One of the leading brain researchers in the United States made a special study of a monograph that Freud wrote on the human brain.[6] He concluded, that it was the most advanced analysis by far that had been done up to that time. Weber seems to me to belong with his major substantive concerns to the other side of Durkheim in the spectrum, especially in the field having to do with macroscopic cultural symbolization. However, it seems to me that the formula of »Verstehen« and intended meanings applies across the whole spectrum; it is not confined to any one sector of the spectrum.

Finally let me say just a few words about another feature of Weber with reference to Freud, because I think this is an exceedingly important point which needs careful attention and clarification. You will remember that in his catalogue of the four fundamental types of action, Weber included two types of rationality, not one: »Zweckrationalität« and »Wertrationalität.« Basic to *Zweckrationalität* is above all the rationality involved in economic action, which goes back to a very long intellectual tradition, and technology. Matters are somewhat different in the sphere of political power. Basic to *Wertrationalität* are ideas of orientation, and the word orientation connotes the rationalization of the social order. In this respect it seems to me extremely important that Weber's original academic training was in the field of law, not of economics and not of psychology. That stayed with him all his life. In this respect Weber pursued an analytical path to more and more fundamental terms of what you might say lies behind »Wertrationalität« and that led him into the field of religion. Now, one might suggest that there is a special relation between concepts of economic rationality, the intellectual traditions in which these have developed, and Freud. Of course, Freud was widely hailed as the theorist of the irrational and there is something in that, though it needs to be very carefully formulated. But the rational aspect of the individual personality, according to Freud, was centered in what he called »ego function« governed by the reality principle. And this is certainly part of Western rationalism. Back of ego function lie the phenomena of *Id-Triebe*. I have long deplored the tendency of English translaters to render »Trieb« as »instinct«. I think, that is clearly a mistranslation. It is not a biologically grounded, relatively specific tendency to act in specific ways, which is what instinct connotes, but it is a concept referring to the action level. Unfortunately, I cannot stop to go into these matters more deeply. Suffice it to say that behind the ego function lie the *»Triebe«* of the »Id«, das *»Es«*, as Freud called it, and this remained, relative to ego function, specifically unorganized and governed by the pleasure principle, which was not always incompatible with the reality principle but clearly analytically distinguishable from it. There is a strange parallel in Weber's thinking on the other side of the rationality fence, because behind »Wertrationalität«, which was above all institutionalized in the form of religious ideas, lies the unorganized, unpredictable phenomenon he called »Charisma«, a concept he introduced. It is one of his concepts, which by the way is part of the lingua franca of the intellectual public in the English-speaking world, and I presume in the German-speaking world as well. I suggest that there is a very notable symmetry between these two constructs, that is, for Freud there was a barrier constructed in the individual's life experience between the »Id-complex« of »Triebe« and the area of »ego function«, which included most ordinary social relations, and that what Freud called the »superego«, das *»Über-Ich«*, and which was derived from the structure of the social environment, not from the organism. Freud's original formula was parental function and he used this concept and not that of the father. For it was not the father figure alone, that was important for Freud. That is a common misconception. For Weber, I think, institutionalized values constituted the parallel kind of barrier, a parallel kind of boundary control mechanism between the area of ordinary social action in institutions like markets, organizations, universities, families and so on and these relatively unorganized charismatic forces, which could be both creative and threatening according to circumstances, just as id drives can be both creative and threatening. I would like to see the symmetry of this parallel further developed and hope to make some contribution to it myself.

Ladies and gentlemen, I have concentrated on Weber and certain developments from Weber which I have articulated with some other intellectual movements in a rather selective way. I think this kind of not eclecticism but openness is likely to be characteristic of a situation in social science and in action theory which has high creative potential for the future. I think I was extraordinarily fortunate to come into the field at a time when that openness was almost at a maximum. Without Weber's influence it could not have been anywhere nearly so open. The division of the relevant thinking into separate schools would have been much more evident. I wonder, if we do not have a somewhat comparable situation of openness now. There is a great deal of controversy going on, but I think also a great deal of what Durkheim called effervescence, that is, potentially creative exploration of new directions of thought and new ideas. I think it would be in the spirit of Weber if that turned out to be the case for the near future.

*Anmerkungen*

1 Talcott Parsons hat seinen Vortrag frei gehalten. Ein ausgearbeitetes Manuskript existiert also nicht. Er wollte auf der Basis der Tonbandaufzeichnung eine Druckfassung erstellen, wozu es wegen seines plötzlichen Todes nicht mehr gekommen ist. Vermutlich hätte er nicht nur Revisionen, sondern auch Erweiterungen vorgenommen. So wollte er zum Beispiel auch Schumpeter in seine Präsentation mit einbeziehen.

Der hier abgedruckte Text ist mit Hilfe der Tonbandaufnahme hergestellt worden. Er wurde vom Herausgeber gegliedert und ohne Eingriff in den Duktus der Rede von Füllwörtern, Wiederholungen u. ä. befreit. Guenther Roth hat den Text freundlicherweise gegengelesen und einige stilistische Verbesserungen vorgeschlagen. Bei der Herstellung der Transkription waren Franz Bonfig und Verena Vetter behilflich.

2 Karl Mannheim hat seine Antrittsvorlesung in Heidelberg am 12. Juni 1926 gehalten. Das Thema lautete: »Zur gegenwärtigen Lage der Soziologie in Deutschland«. An ihr kann Parsons teilgenommen haben, nicht aber an Mannheims erster Veranstaltung als Privatdozent im Wintersemester 1926/27, weil er zu dieser Zeit als Instructor in Amherst tätig war. Im Sommersemester 1927, das Parsons wieder in Heidelberg verbrachte, hat Karl Mannheim laut Vorlesungsverzeichnis keine Veranstaltung über Max Weber angeboten. Dies ist erst im Wintersemester 1927/28 geschehen. (Anm. d. Hrsg.)

3 Vgl. dazu Max Weber, The Protestant Ethic and the Spirit of Capitalism. Translated by Talcott Parsons, London: Allen and Unwin; New York: Scribners 1930. Parsons setzt übrigens in seinem Vorwort den werkgeschichtlichen Zusammenhang klar auseinander. Er verweist nicht nur auf die beiden Versionen der Protestantischen Ethik, sondern auch darauf, daß die Vorbemerkung zu den Gesammelten Aufsätzen zur Religionssoziologie, die er in die Übersetzung einbezog, keine Einleitung in die Protestantische Ethik darstellt und erst 1920 geschrieben ist. So heißt es auf S. IX ff.: »The introduction, which is placed before the main essay, was written by Weber in 1920 for the whole series on the Sociology of Religion. It has been included in this translation because it gives some of the general background of ideas and problems into which Weber himself meant his particular study to fit.« Angesichts der in Deutschland in jüngster Zeit geführten werkgeschichtlichen Debatte um die beiden Versionen der Protestantischen Ethik und um die Stellung der Vorbemerkung ist dies ein interessantes wissenschaftsgeschichtliches Faktum. (Anm. d. Hrsg.)

4 Der Titel der Dissertation lautete: »Der Geist des Kapitalismus bei Sombart und Max Weber«, der Titel der von der Fakultät endgültig genehmigten Abhandlung ›Capitalism‹ in Recent German Literature: Sombart and Weber«. Zum Hintergrund vgl. Ansprache, Fußnote 1. Interessant ist auch, wie Parsons diese frühen Überlegungen in sein monumentales Werk über die Struktur der sozialen Handlung einbezogen hat. Vgl. Talcott Parsons, The Structure of Social Action, New York: The Free Press, 2. Aufl., 1949, S. 487 ff. (Anm. d. Hrsg.)

5 Parsons denkt hier wohl an die beiden Aufsätze »Wants and Activities in Marshall« und »Economics and Sociology: Marshall in Relation to the Thought of His Time«, die 1931 bzw. 1932 in Quarterly Journal of Economics erschienen sind. (Anm. d. Hrsg.)

6 Vermutlich bezieht sich diese Bemerkung auf Freuds frühe Arbeiten über die physiologischen Ursachen von Sprachstörungen. Vgl. Sigmund Freud, Zur Auffassung der Aphasien. Eine kritische Studie, Leipzig und Wien 1891. (Anm. d. Hrsg.)

# Anhang

# WIRTSCHAFTS- UND SOZIALWISSENSCHAFTLICHE FAKULTÄT DER UNIVERSITÄT HEIDELBERG

Vor 50 Jahren verlieh die damalige Philosophische Fakultät der Universität Heidelberg

## Herrn TALCOTT PARSONS

geboren am 13. Dezember 1902 in Colorado Springs, Colorado, USA, heute emeritierter Professor für Soziologie an der Harvard University, Cambridge, Massachusetts, USA,

## DIE WÜRDE EINES DOKTORS DER PHILOSOPHIE.

Die Wirtschafts- und Sozialwissenschaftliche Fakultät der Universität Heidelberg begeht als Nachfolge-Fakultät dieses Jubiläum mit der

## ERNEUERUNG DER DOKTOR-URKUNDE.

Sie will damit die bleibenden Verdienste würdigen, die sich Herr Professor Dr. Talcott Parsons seit seiner Promotion um die Entwicklung der Soziologie, vor allem um die übergreifende sozialwissenschaftliche Theoriebildung, erworben hat. Mit seinem umfangreichen Lebenswerk hat er insbesondere

die Rezeption und die systematische Weiterentwicklung der europäischen Soziologie im anglo-amerikanischen Sprachraum gefördert;

eine Theorie des allgemeinen Handlungssystems und seiner speziellen Ausformungen geschaffen;

die Zusammenarbeit der Sozialwissenschaften unter den Bedingungen einer wachsenden Spezialisierung der einzelnen Disziplinen auf eine neue Grundlage gestellt.

Die Ergebnisse seiner wissenschaftlichen Arbeit haben ihn zu einem der richtungweisenden Gelehrten der Sozialwissenschaften in der Gegenwart werden lassen.

Mit der Erneuerung der Doktor-Urkunde drückt die Wirtschafts- und Sozialwissenschaftliche Fakultät der Universität Heidelberg ihre besondere Verbundenheit mit Herrn Professor Dr. Talcott Parsons in feierlicher Form aus.

Heidelberg, den 12. 4. 1979

DER DEKAN DER WIRTSCHAFTS- UND SOZIALWISSENSCHAFTLICHEN FAKULTÄT

# Wolfgang Schluchter
# Rede während der Trauerfeiern für Talcott Parsons am 10. Mai 1979 in München

Dear Mrs. Parsons, dear colleagues,

It is difficult for me to put my feelings into words. But only with words we can communicate. So let me speak about these feelings. There is a feeling of sadness, and at the same time, a feeling of joy. There is a feeling of joy because we were granted these last beautiful days in Heidelberg, because he was allowed to come back to the place from which his outstanding intellectual career started, because it was granted to me in these last days to talk with *Talcott Parsons* and to get to know him better; and there is a feeling of sadness because this dialogue, this closeness, is now forever at an end. I know that all those who honored him with me in Heidelberg feel the same way I do, even those who viewed him from a critical scientific distance, but with total respect and growing affection. And they will share my consternation, the consternation that we did not realize, perhaps did not want to realize, how precarious the balance of his life was.

*Talcott Parsons* naturally did not want to spare himself. He lived his life to the fullest to the very end. So he remained influential, not only by his written but also by his spoken word. Up to these very last days he demonstrated the ability of the human mind to master the infinite variety of reality. As none other of his generation, he dealt with the most abstract concepts, yet remained firmly aware of reality. This unity of thought and life he made apparent to us all in these days. And with it, he could move many, even those who were not his partisans. He remained a power and an inspiration until the end.

*Talcott Parsons* certainly did not want simply to yield to life in its infinite variety. He wanted to be free from it in order to be free for it. And it was theory that had to achieve this goal. He knew that life in its infinite variety must be made orderly by reason, that the finite human spirit has to construe a reasonable order, even impose it. For this he fought his whole lifetime with unshakable consistency. For this he had more time than his great and lasting partners in dialogue, *Emile Durkheim* and *Max Weber*. For this he was grateful, and in this hour, we must also be grateful. But it was not time enough for him to say all that he wanted to say. So his death has come too soon. Yet he knew the truth of the transiency of life. Not by chance was the scientific tradition important to him. He wanted to immerse himself in it, and he wanted to carry it further. And he did carry it further. The person is gone but his work remains. And he knew this. Perhaps it was this knowledge that gave him the power until these last days to live science as a vocation: again and again to go back to work and meet the demands of each day.

This vocation was dedicated to one goal: the theoretical insight into what *Talcott Parsons* called in his last book »the human condition«. I asked him a few days ago which of his many books was his favorite. His answer came hesitatingly, like that of a father who is responsible for all his children and doesn't want to favor one above the others. But the answer came, and it was, I find, characteristic of the man and his work: his choice fell on the first, and on the last book. With the first book he anchored his position in the sociological tradition; with the last book he explained once again his understanding of the *conditio humana*. This human condition was and remained for him bound to the idea of freedom, to free human action in spite of its dependence on the natural, social and cultural heritage. This human condition was and remained for him also bound to the idea of transcendence, with the insight that the individual and collective life is finally anchored not only in an empirical, but also in a nonempirical reality.

Dear Mrs. Parsons, we, the colleagues of *Talcott Parsons*, lose in him an important and leading representative of our profession, a committed and exemplary scholar who became for many an intellectual leader and who will remain an intellectual leader for many generations of sociologists to come. All those who were privileged to meet him in these last days were shocked by his unexpected and sudden death and are trying to express their grief. Particularly those who gathered in his honor in Heidelberg have become aware of the proximity of fulfilment and death. All this moved us deeply and moves us still. But we who are seeking for an expression of our feelings know also that our grief and sadness are not comparable with the grief and sadness that you must feel.

You have lost your husband, the companion whose life was so interwoven with yours in so many ways and which in the course of time had become ever closer. Over 50 years ago your life together began here in Europe. Here it has ended, outwardly. It ended far away from the place that became the center of your life together, far away from those people who would have been important to you in this hour. I know that your life together was blessed by an inner and outer stability that is granted to few. I also know that because of this, *Talcott's* death must have affected you even more deeply. We, the strangers, cannot comfort you. But we can hope and wish that the lasting memory of your rich life together will remain with you and that it will be the source that continues to provide you with new strength. There is none among us who does not admire the courage with which you have borne his death. So we not only bow in reverence to a great scholar and human being, but also to a brave woman.

# M. Rainer Lepsius
# Rede nach der Trauerfeier für Talcott Parsons am 10. Mai 1979 in München

Deeply moved we recall *Talcott Parsons*: the man and his work. Both have been closely interrelated, but death has separated them.

The work of *Talcott Parsons* will be with us in the future, and there is no doubt about its continuous influence and intellectual inspiration. He had the energy and the fortune to develop his intellectual capacities to an extraordinary degree. He leaves us with a body of thought, clearly exposed and well exemplified. It is not yet fully explored and it will take much time to incorporate this work into the social sciences, even so it already belongs to the tradition of sociological thought. I recall his remarks in Heidelberg on last Friday when he mentioned the relatively short life of *Max Weber* and regarded his own life span as a good fortune. But his life was also an enormous intensity of work and conscientiousness, not only good fortune. *Talcott Parsons* the man, however, is no longer with us. It is for those who had the chance to meet him and to get to know him to remember him as a man.

He was a serious man in his work and his obligations. He was a friendly man in his personal contacts. Young people who first met him, already a renowned scholar, found his interest and encouragement. He was able to listen and he tried to understand, he took time to consider arguments patiently and carefully, even when they were not in line with his thinking. He was self-confident and humble. Many who knew him first by his books and their intellectual intensity, were taken by his personal benign attitude. And this was not a mere form of behavior, it was his personality that conveyed an air of human openness.

In Germany, where we are at the moment of his death, it shall be remembered that *Talcott Parsons* kept his trust in the chances of recovery of the mind in Germany after the Nazi period. Also remembered will be his contribution to the discovery and exploration of German intellectual traditions, particularly of course his continuous interest in the work of *Max Weber*. In Heidelberg, where *Talcott Parsons* once studied, the inscription above the entrance to the new university building at that time read: »Dem lebendigen Geist« – to the living mind. It was changed in 1933 into: »Dem deutschen Geist« – to the German mind. *Talcott Parsons* always remembered: to the living mind.

Though his work was directed primarily towards analytical and categorical differentiation as an effort for the theoretical explanation of society, his interest remained with the pressing problems of the time and the capacity of man to structure and order his life. He advocated theoretical sociology not as an escape from real life, but as a contribution to the solution of strains in the human order by clarifying alternative possibilities and their consequences. Critical choices meant to him the assessment of theoretically anticipated consequences. His impressive effort to classify properties of personality, society and culture, and his stress upon the interrelations between human organism, personality, society and culture, were directed not towards taxonomic schemes but towards an instrumental arsenal to deal with human affairs.

We should remember *Talcott Parsons* particularly for his extraordinary capacity to comprehend and to interrelate divergent intellectual traditions, not only in order to preserve and to explore such traditions, but to develop new avenues of thinking. He achieved what is not generally achieved: the command of different European intellectual traditions and their amalgamation with American constructiveness. Perhaps his is the formation of a new, because more explicitly integrated tradition of social thought. And if I recall his remarks during the days in Heidelberg, I feel he was in particular proud to have contributed to that tradition as an American, open-minded to our common heritage.

*Newton* once said: we all are standing on the shoulders of giants. We will be standing also on the shoulders of *Talcott Parsons*. Let me assure you, Mrs. Parsons, there are many people in this world who will remember your husband with gratitude, and let me extend this gratitude to you with your husband's words from the dedication of »The Social System«: »To Helen, whose healthy and practical empiricism has long been an indispensable balance-wheel for an incurable theorist.«